Übungsreihen für Geistigbehinderte

– Konzepte und Materialien –

Hrsg. Susanne Dank

Lehrgang G: Sport **Heft G 3**

Rudolf Lause

Geistigbehinderte Schüler spielen ausgewählte Ballspiele

verlag modernes lernen - Dortmund

2. Aufl. 1998

Gesamtherstellung: Löer Druck GmbH, Dortmund

Bestell-Nr. 3624 ISBN 3-8080-0327-8

Inhalt

Übungsreihen für Geistigbehinderte?

Idee und Anliegen

Leider sind Konzepte und Arbeitshilfen für die Förderung und den Unterricht mit Geistigbehinderten immer noch rar. Häufig beziehen sich Eltern, Lehrer und Erzieher in Ermangelung geeigneter Materialien auf Inhalte und Vermittlungsformen der herkömmlichen Kindergarten- und Schulpädagogik. Diese werden jedoch den speziellen Bedürfnissen geistigbehinderter Schüler nur selten gerecht.

Sei es, daß der Lernstoff im Schwierigkeitsgrad zu weit „oben" ansetzt, daß die Lernschritte zu rasch aufeinander folgen und die breite Übungspalette fehlt oder aber, daß Themen angeboten werden, die dem Alter und den Interessen Geistigbehinderter einfach nicht so recht entsprechen.

Dieses Manko versuchen die „Übungsreihen für Geistigbehinderte" aufzuarbeiten, indem hier *notwendige* und *praxisorientierte* Förderinhalte systematisch und umfassend abgehandelt werden.

Geistigbehinderte müssen mit Hilfe *besonders* strukturierter Lerninhalte auf ein weitgehend selbständiges Leben vorbereitet werden. Wie eine Förderung in diesem Sinne aussehen kann, dokumentieren die „Übungsreihen für Geistigbehinderte" anschaulich und nachvollziehbar.

Die Auswahl der Einzelthemen orientiert sich dabei am geistigbehinderten Schüler und seiner Lebensumwelt, fragt nach so wichtigen Entscheidungskriterien wie:

- Hat das Thema Relevanz für die aktuelle oder zukünftige Lebenssituation Geistigbehinderter?
- Nimmt es in notwendiger Weise Bezug auf vorhandene Sachzwänge und objektive Gesetzmäßigkeiten?
- Vergrößert der Lernstoff die Handlungskompetenz, erweitert er den Aktionsradius der Schüler?
- Orientiert sich der Lerngegenstand ausreichend an ihren individuellen Bedürfnissen und Interessen?

In den Sonderschulen für Geistigbehinderte werden die Erziehungs- und konkreten Lernziele innerhalb von *fachorientierten Lehrgängen* (Schaffung sachgerechter Grundlagen in den einzelnen Fachbereichen) und *Vorhaben/Projekten* (Anwendung der erworbenen Kenntnisse und Fähigkeiten in praxisorientierten Aufgabenfeldern) verfolgt.

Eine entsprechende Systematik liegt auch den „Übungsreihen für Geistigbehinderte" zugrunde.

Die „Übungsreihen für Geistigbehinderte" stellen Beiträge zu den *Lehrgängen*

- Sprache (Lesen und Schreiben)
- UMZG (Umgang mit Mengen, Zahlen und Größen)
- Lebenspraktisches Training
- Arbeitslehre (Werktechnische Fächer, Hauswirtschaft)
- Wahrnehmungsförderung
- Sport
- Musik

in übersichtlichen Fördereinheiten vor. *Vorhaben* und *Projekte* werden in Form übertragbarer Dokumentationen für den Nachvollzug zugänglich gemacht.

Die Frage, für wen die „Übungsreihen für Geistigbehinderte" geschrieben werden, ist leicht zu beantworten: Für alle, die in der Förderarbeit mit Geistigbehinderten tätig sind – Lehrer, Erzieher, Eltern, Betreuer in Werkstätten, Heimen, Horten, Kindergärten, Freizeiten und Krankenhäusern.

Über Rückmeldungen und Kritik, Anregungen und Vorschläge von Leserseite würde ich mich als Herausgeberin der Hefte-Reihe sehr freuen. All jene, die mit ihrer Erfahrung, bisher geleisteter Unterrichtsarbeit, Materialiensammlungen und anderen Schätzen zum Gelingen der Reihe beitragen wollen, möchte ich ermutigen, sich an dieser Pionierarbeit zu beteiligen.

Susanne Dank

Der Lehrgang Sport

Durch Spiel und Sport sollen geistigbehinderte Schüler ganzheitlich in ihrer(m) Motorik, Wahrnehmung, Emotionalverhalten und Sozialverhalten gefördert werden. Dabei gilt es, die individuellen Entwicklungsverzögerungen und Leistungsausfälle der Schüler zu berücksichtigen. Der Sportunterricht wird hierbei von zwei Ansätzen maßgeblich bestimmt (vgl. Bielefeld, J.: in Motorik 10 (1987), Heft 1 S. 30 ff): **Der motopädagogische Ansatz** (beeinflußt durch die Sonderpädagogik) zielt auf eine basale motorische Förderung im Sinne einer Förderung der Alltagsmotorik. Der **sportpädagogische Ansatz** verlangt diese basalen motorischen Fertigkeiten als Grundlage für den Ausbau sportmotorischer Fertigkeiten (Kraft, Schnelligkeit, Ausdauer und Beweglichkeit). Er beinhaltet auch das Erschließen leiblicher, materialer und sozialer Erfahrungen, sowie die Förderung der körperlichen Leistungsfähigkeit und Gesundheit. Die Orientierung am Entwicklungsstand des einzelnen Schülers ist ausschlaggebend dafür, ob er eher motopädagogisch oder sportpädagogisch gefördert werden soll. Grundsätzlich ist der motopädagogische Anteil in jungen Jahren höher als der sportpädagogische.

Die Aufgaben und Inhalte des Sportunterrichts mit Geistigbehinderten umfassen daher sowohl moto- wie sportpädagogische Aspekte:

- Elementare Bewegungserziehung („Psychomotorische Förderung").
- Aufgaben zur Förderung der physischen Leistungsfähigkeit und des Haltungsaufbaus.
- Spannungsaufbau, Spannungsabbau.
- Grundlegende Spielfähigkeiten.
- Ausgewählte Sportarten.

Die Anforderungen an die Schüler entwickeln sich von eher basalen Unterrichtszielen in der Vor- und Unterstufe zu immer differenzierteren und zum Teil sportartspezifischen Zielen in der Ober- und Werkstufe.

Viele dieser Anforderungen sind verbunden mit einem hohen Übungsanteil. Aufgrund der hohen Entwicklungsbezogenheit vor allem von motopädagogischen Lernzielen ist ein Vorgehen in Übungsreihen und Lehrgängen vielfach sinnvoll. So kann sichergestellt werden, daß die Schüler in immer neuen Handlungs- und Spielsituationen Fertigkeiten entwickeln, die sie einerseits für den Alltag gebrauchen können und die andererseits als Grundlage für sportliche Aktivitäten dienen. Durch das Erlernen verschiedener Sportarten und Spiele ergeben sich für die Schüler wiederum neue Handlungsfelder, die in sich eigene Gesetzmäßigkeiten aufweisen und ebenfalls ein lehrgangsartiges Vorgehen notwendig erscheinen lassen (z.B. beim Erlernen des Schwimmens).

Dennoch ist auch das Vorgeben von zuvor *geplanten* Handlungssituationen, in denen die Schüler frei agieren können, ein unverzichtbarer Bestandteil des Sportunterrichts mit Geistigbehinderten. Solche Situationen können Förderschwerpunkte haben, wie z.B. die Förderung der Kreativität, die Förderung der Fähigkeit des problemlösenden Denkens und Handelns, die Förderung sozialer Fähigkeiten oder die Förderung der Fähigkeit, Sport- und Spielsituationen selbst zu organisieren.

Wie jeder andere Unterricht auch, soll der Sportunterricht Differenzierungsmaßnahmen aufweisen. Außerdem soll er auch leistungsorientiert sein. Jedoch nicht in der Form eines Herabnivellierens der Ansprüche aus dem Leistungssport, sondern im Erkennen des jeweiligen Leistungsstands des einzelnen Schülers und dem Anbieten von unterrichtsthemenorientierten Aufgaben, die ihm die Möglichkeit zum weiteren Ausbau seiner Leistungen geben. Allerdings kann dies bei Mannschaftsspielen zu Schwierigkeiten führen, da die *zu* unterschiedlichen Leistungen der Schüler den Spielfluß so stark stören, daß die Lust am Spiel schnell verloren geht. Dieser Umstand stellt eine besondere Anforderung an die Vorbereitung und Durchführung des Sportunterrichts, die von Lerngruppe zu Lerngruppe zu ganz unterschiedlichen Ergebnissen in der Spielausführung, ja sogar zu unterschiedlichen (evtl. selbst erfundenen) Spielen führen kann.

Letztlich möchte ich noch hervorheben, daß der Sportunterricht den Schülern (und auch den Lehrern) zuallererst Freude machen soll.

Geistigbehinderte Schüler spielen ausgewählte Ballspiele

1. Intention

Das Spielen mit einem Ball gehört zu den reizvollsten Spielen, die der Sportunterricht überhaupt zu bieten hat. Kaum ein anderer Spielgegenstand hat einen so hohen Aufforderungscharakter wie ein Ball. Kinder wie Erwachsene können sich unglaublich lange alleine oder mit anderen freudebringend mit einem Ball befassen.

Dieses Heft richtet sich an Kolleginnen und Kollegen, die sich bislang noch nicht durch ihre Ausbildung oder ihr persönliches Interesse mit dem Thema „Ballspiele für geistigbehinderte Schüler" beschäftigen konnten. Es soll ihnen einen Überblick über die Möglichkeiten, die Inhalte und die Probleme dieser sportlichen Betätigung zusammen mit Geistigbehinderten geben. Darüber hinaus soll ihr Blick geschärft werden für die Anforderungen, die diese Spiele an unsere Schüler stellen.

Zunächst kann jede Leserin und jeder Leser an sich selbst feststellen, was sie bzw. er unter Ballspielen versteht. Ist diese Vorstellung von den eigenen Erfahrungen geprägt? Liegen diese Erfahrungen schon lange zurück (eigene Schulzeit), oder sind sie noch frisch (durch den selbst betriebenen Freizeitsport). Denken Sie vorrangig an die bekannten und in den Medien laufend dargestellten großen Mannschaftsspiele?

Unabhängig davon, wie sich die Erfahrungen der Einzelnen unterscheiden, muß der Wert dieser Erfahrungen in Bezug auf die Leistungsfähigkeiten unserer Schüler geprüft werden. Einige Kinder finden zum Beispiel zu keinem Umgang mit einem Ball, der über ein stereotypes Hantieren damit hinausreicht. Diese Kinder können -realistisch gesehen- nicht aktiv an dem Unterrichtsgeschehen teilnehmen, das im folgenden noch beschrieben wird. Aber auch darüber hinaus gibt es noch eine Vielzahl unterschiedlicher Leistungsstufen, die die Schüler einer Lerngruppe erreichen. Sie reichen vom einfachen Holen eines Balles, der zu einem bestimmten Ort transportiert werden soll, bis zum Spielen in einer Mannschaft, in der der geistigbehinderte Schüler schon bestimmte, für das Spiel wichtige Aufgabenteile übernimmt. Wie sollen die Lehrkräfte die Schüler mit so unterschiedlichen Leistungen unter einen Hut bekommen?

Ich will satirisch überzeichnend drei Möglichkeiten aus dem Unterrichtsalltag zeigen, die zudem auch bewußt vereinfacht dargestellt werden:

• Möglichkeit 1

Ich setze voraus, Sie kennen ihre Schüler sehr gut. Sie wissen von den kognitiven und motorischen Behinderungen und den Wahrnehmungsproblemen ihrer Schülerinnen und Schüler. Sie können sich nicht vorstellen, daß jemals alle Schüler ein einfaches Mannschaftsballspiel erlernen werden. Stattdessen üben Sie mit ihren Kindern den technisch geschickten Umgang mit dem Ball: Sie stellen eine Bewegungsaufgabe, wie zum Beispiel das Rollen des Balles um Verkehrshüte. Alle Schüler machen es nach. Entweder in einer Reihe nacheinander oder einzeln, wobei die anderen auf der Bank sitzen und warten. Diese Schüler werden durchschnittlich gesehen viel Erfahrung im technischen Umgang mit einem Ball sammeln. Das kommt vor allen Dingen den schwächeren Schülern zugute. Die Schüler werden allerdings sehr wenige Erfahrungen bezüglich Mannschaftsspielen sammeln können, da dies zu keinem unterrichtlichen Schwerpunkt gemacht wird. Im günstigsten Fall werden sich diese Erfahrungen auf Mannschafts-Staffel-Wettbewerbe beschränken, die tatsächlich auch einen hohen methodischen Wert besitzen, wenn sie zur Leistungsdifferenzierung genutzt werden. Leistungsstärkere Schüler können jedoch ihre guten balltechnischen Fertigkeiten nicht in andere – sie eventuell stärker motivierende – Mannschaftsspielformen einbringen.

• Möglichkeit 2

Sie bringen eine Menge an „Ballspielerfahrungen" mit, da Sie selbst aktive Freizeitsportler sind und auch kompetent die Ballspiele in den Medien verfolgen. Sie haben schnell versucht, die von ihnen favorisierte Ballsportart zum Unterrichtsgegenstand zu machen und dabei dennoch fast von Beginn an eine Menge mehr oder weniger unangenehme Erfahrungen gemacht:

Sie finden nicht das geeignete (professionelle!) Material in der Turnhalle. Einige Schüler haben keine Lust mitzuspielen. Andere dafür umso mehr. Aber die wollen immer das gleiche Spiel spielen. Es gelingt ihnen nicht, die leistungsstärkeren Mitschüler davon zu überzeugen, daß die unerfahreneren Schüler mitspielen sollen. Es entstehen Streitereien. Es kommt zu verletzungsträchtigen Spielsituationen. Viele Schüler blicken sie verständnislos an, wenn sie ihnen das Spiel schon zum dritten Mal erklärt haben. Ein Schüler trifft den Ball nicht. Einer anderen Schülerin rollt der Ball immer zu schnell weg, so daß sie ihn nicht erreichen kann. Einige Schüler stehen verloren auf dem Spielplatz. Andere Schüler halten sich nicht an die Spielregeln. Wieder andere laufen in die falsche Richtung, spielen auf das falsche Tor, spielen dem Gegner den Ball zu und kennen ihre Spielpartner nicht mehr....

So oder zumindest ähnlich könnte eine erste Sportstunde aussehen, wenn Sie z.B. einen Fußball in die Turnhalle werfen und fröhlich verkünden: „Heute spielen wir mal Fußball!"

Bei dieser zweiten Möglichkeit legen Sie ihren Schwerpunkt von Beginn an auf das Mannschaftsspiel. Sie erkennen, daß einige Schüler durchaus in der Lage sind, Ballspiele als Mannschaftsspiele zu spielen und hoffen auf einen 'Mitzieheffekt' für die leistungsschwächeren Schüler. Sie lassen bewußt deren schlechtere Lernvoraussetzungen außer acht zu Gunsten einer größeren Dynamik in der Turnhalle. Vielleicht weil dieses Treiben eher ihrer Vorstellung von Sport entspricht. Sie fragen sich, woran es liegt, daß dennoch viele geistigbehinderte Schüler solche Schwierigkeiten mit Ballspielen haben, die sie selbst von Kindesbeinen an kannten, und die ihnen niemand beibringen mußte, weil sie doch so einfach, einsichtig und für jeden verständlich sind? Was fällt einem Kind nur schwer am Fußballspielen, wo sie doch schon bewußt auf komplizierte Abseits-, Eckstoß- und Einwurfregeln verzichtet hatten? Sie stellen eventuell Überlegungen an, wie: Hat sich das Spielverhalten aller Kinder verändert? Oder haben nur unsere Schülerinnen und Schüler keine Gelegenheit, solche Spiele in ihrer Freizeit zu spielen (Ganztagsschule, Überbehütung durch die Eltern, mangelnde Integrationswilligkeit der anderen Kinder...)? Können unsere Schüler den Leistungsanforderungen der Ballspiele aufgrund ihrer Behinderung überhaupt entsprechen?

• Möglichkeit 3

Sie sind sich der Leistungsfähigkeit jedes einzelnen Schülers in ihrer Gruppe bewußt. Sie versuchen, sehr schülernahe Lernziele vorzugeben und stellen dabei fest, daß das Leistungsniveau der Gruppe sehr weit auseinanderdriftet. Sie haben einerseits den Anspruch an sich selbst, den Schülern gute balltechnische Fertigkeiten beizubringen und das von Anfang an in einfachen Spielformen. Andererseits sind Sie bemüht, Mannschaftsspiele zu erfinden oder aus bekannten Spielen abzuwandeln, bei denen *jeder* Schüler mit seinen Fähigkeiten eine Rolle übernehmen kann. Das ist äußerst schwierig und gelingt ihnen auch nicht immer zufriedenstellend, weshalb sie häufiger auch Spiele in leistungshomogenen Gruppen anbieten, die entweder nacheinander oder parallel in den verschiedenen Hälften der Turnhalle stattfinden.

Spätestens jetzt wird deutlich, daß die meisten uns bekannten Ballspiele nur unter Veränderung für unsere Lerngruppen geeignet sind. Ebenso selbstverständlich werden sich die einführbaren Ballspiele von Lerngruppe zu Lerngruppe geistigbehinderter Schüler unterscheiden.

Dieses Heft möchte versuchen, Sie für die Inhalte der 3. Möglichkeit zu interessieren, indem es Ihnen aufzeigt, welche Lernvoraussetzungen die Schüler für bestimmte Spiele erbringen müssen. Es soll den Unterschied zwischen dem „Spiel mit dem Ball" und „Mannschaftsballspielen" verdeutlichen. Es soll Ihnen von einfachen Ballspielen bis zu ganzen Spielreihen Grundlagen bieten, bei denen die Schüler Lernanforderungen erfüllen können, die sowohl für das zu erlernende Spiel, wie auch für weiterführende Spiele wichtig sind. Das Heft soll alte, zum Teil leider schon fast vergessene Ballspiele erneut vorstellen. Es soll die Veränderbarkeit von diesen bekannten Spielen verdeutlichen. Es soll neue Spiele anbieten, die sich nicht mehr nur an den großen Sportspielen orientieren, sondern stärker an den spezifischen Lernvoraussetzungen Ihrer Schülerinnen und Schüler. Es soll Möglichkeiten zeigen, wie leistungsschwächere und -stärkere Schüler gemeinsam ein Ballspiel spielen könnten. Aber es soll Ihnen auch Spiele für leistungshomogene Gruppen anbieten.

Es ist vollkommen klar, daß sich nicht alle Spiele in jeder Lerngruppe einführen lassen. Dazu sind die Verteilungen der Lernvoraussetzungen in den Lerngruppen eigentlich immer zu unterschiedlich. Dennoch meine ich, daß die Spiele genügend Denkanstöße bieten, um auch für Ihre Lerngruppe eigene Spielformen daraus ableiten zu können.

2. „Warum kann der Peter das nicht?“ – Über die Komplexität der Anforderungen einer einfachen Spielsituation beim Kreiskorbballspiel

Es war jetzt schon zum dritten Mal passiert. Herr M. hatte Claudia (15) ermahnt, nicht immer nur alleine auf den Korb zu werfen, sondern den Ball auch einmal an ihren Mitspieler Peter (14) abzugeben. Das tat sie zwar nicht besonders gern, doch den prüfenden Blick von Herrn M. während des Kreiskorbballspiels konnte sie nicht ignorieren. Also gab sie den Ball – obwohl sie sich in einer ausgezeichneten Wurfposition für einen Korbwurf befand – jetzt schon zum dritten Mal an Peter ab. Dieser sah den Ball ganz erschreckt an, als sei er wie aus dem Nichts vor ihm aufgetaucht. Zu allem Überfluß konnte er seine Arme nicht mehr rechtzeitig zur Abwehr -geschweige denn zum Fangen- hochreißen, und der Ball landete mitten in seinem Gesicht. Erschrocken und mit tränengefüllten Augen machte er sich sofort daran, Claudia zu beschimpfen, daß sie das mit Absicht getan habe. Claudia selbst wies das mit einem kurzen „Du spinnst ja!“ zurück und wandte Peter den Rücken zu. Das hatte man nun davon, wenn man dem Lehrer einen Gefallen tun wollte. Überhaupt konnten alle Kinder in ihrer Klasse nicht vernünftig Korbball spielen. Außer Wolfgang vielleicht. Der ging ja auch jeden Donnerstag abend mit ihr zusammen zur Sportgruppe für Behinderte des örtlichen Turnvereins.

Folgende Fragen könnte Herr M. sich jetzt stellen, um nach der Ursache für diese Situation zu suchen:

Warum hat Peter den Ball nicht kommen sehen?

- Hat Peter generell Wahrnehmungsprobleme?
- Hat er den Ball während des Spiels zu jedem Zeitpunkt im Auge behalten?
- Versteht er überhaupt, daß er sich in einem Spiel befindet?
- Weiß er, daß er sich auf einem Spielfeld befindet?
- Hat er die räumlichen Gegebenheiten des Spielfeldes verstanden?
- Achtet er immer darauf, wer den Ball in den verschiedenen Spielsituationen in der Hand hat?
- Weiß er, ob diese Person zu seiner Mannschaft gehört?
- Weiß er, wer in seiner Mannschaft spielt?
- Hat er sich dementsprechend bemüht, immer auf Ballhöhe zu bleiben?
- Kennt er die grundlegenden Spielregeln?
- Hat er die abspielende Claudia bei ihrem Paß beobachtet?
- Hat er den Ball in seiner Flugphase beobachtet?
- Hat er die Flugbahn des Balles in etwa erkannt und seinen Landungsort vorausahnen können?
- Hätte er seine Arme koordiniert zum Fangen einsetzen können?
- Hätte er dazu erst stehenbleiben müssen oder wäre ihm dies auch aus dem Laufen heraus geglückt?
- Hätte er, wenn er den Ball gefangen hätte, auch den Korb treffen können?
- Hat er den Sinn des Korbballspiels überhaupt verstanden, oder hätte er überhaupt nicht gewußt, daß er auf den Korb hätte werfen müssen, um für seine Mannschaft einen Punkt zu erlangen? Hat er den Spielpaß vielleicht gar nicht als Paß erkannt? Vielleicht hielt er den herannahenden Ball für nichts weiter als ein bedrohliches bzw. ihn eventuell „verletzen wollendes“ Objekt!

Das sind alles sehr einfache Fragen, die Inhalte hinterfragen, die für nichtbehinderte Menschen so einleuchtend sind, daß sie sich gar keine Gedanken darüber machen, sondern in entsprechenden Spielsituationen intuitiv reagieren und dabei meistens auch Erfolg haben.

Für viele geistigbehinderte Schüler stellen diese Einzelaspekte jedoch jeweils ein großes Problem dar, und wenn die Aspekte dann in einer wie oben beschriebenen Spielsituation gebündelt auftreten, sind die Schüler motorisch wie kognitiv überfordert. Einige von ihnen werden mit solchen Situationen vermutlich immer überfordert bleiben. Andere Schüler hingegen könnten durch entsprechend häufiges Üben ihre Fähigkeiten in den erlernten Ballspielen soweit festigen, daß sie auch in solch komplexen Situationen mehr oder (natürlich manchmal auch) weniger erfolgreich reagieren können. Eine letzte Gruppe von geistigbehinderten Schülern sollte aber auch in der Lage sein, alle gesammelten Erfahrungen von Mal zu Mal besser in Ballspielen umzusetzen. Sie werden nicht selten auch die großen Ballspiele in den entsprechenden Sport-AG's ausüben können.

3. Von dem „Spiel mit dem Ball“ zu „Mannschaftsballspielen“

Während das Spielen mit einem Ball vornehmlich auf eine Beziehung zwischen dem Spieler und dem Ball hinausläuft, sind die Beziehungen bei einem Mannschaftsballspiel erheblich komplexer. Neben einer meist anspruchsvolleren Spielidee sind auch die wechselseitigen Beziehungen zwischen Spielpartnern und Spielgegnern zu berücksichtigen. Außerdem haben diese Spiele häufig auch verschiedene Phasen (mindestens Angriff und Verteidigung) und damit verbunden auch wechselnde Spielaufgaben unter den Spielern und vielfach auch spielsituationsabhängig auch bei einem einzelnen Spieler.

Der Weg vom Spiel mit dem Ball bis zu einem Mannschaftsspiel mit dem Ball ist methodisch erarbeitbar. Jeder methodische Schritt bringt bestimmte Lernvoraussetzungen mit sich, die zuvor erfüllt sein müssen, um ein sinnvolles Spiel betreiben zu können.

So ist einerseits das *Alter der Schüler und ihre Vorerfahrungen* ein zu berücksichtigender Punkt. Es erscheint nicht sinnvoll, in einer Klasse von Vor- und Unterstufenschülern ein Mannschaftsballspiel einzuführen. Es fehlen den meisten Kindern noch grundlegende Erfahrungen mit dem Ball als Spielgerät überhaupt. Eine *Materialerfahrung* im Sinne von ‘Was ist ein Ball?’, ‘Wie sieht er aus’, ‘Wie fühlt er sich an’ und vor allem ‘Was kann man damit alles machen?’ bietet jedoch schon grundlegende Erfahrungen, die für das Ballspielen in einer Mannschaft auch später von weitreichender Bedeutung bleiben. Nicht selten wird der Ball im Vor- und Unterstufenbereich auch als psychomotorisches Übungsgerät eingesetzt, um die basale Motorik zu fördern. Dort ergeben sich auffällige inhaltliche Überschneidungen mit den sportpädagogischen Inhalten von Ballspielen. Wichtigstes Unterscheidungskriterium ist die mit den Inhalten verbundene Zielsetzung. Geht es um die Förderung der Alltagsmotorik und ein Ball wird neben anderen Gegenständen als Übungsgerät eingesetzt, oder handelt es sich um eine Ausweitung des Handlungsrepertoires im Umgang mit einem Ball? Letztlich sind sowohl der motopädagogische, wie auch der sportpädagogische Ansatz Gegenstand eines sonderpädagogisch orientierten Sportunterrichts. Schließlich benötigen alle Menschen eine so gut wie möglich ausgeprägte basale Motorik, um damit später in den verschiedensten Sportarten eine gute Basis zum Ausbau ihrer sportlichen Fähigkeiten zu haben. Wenn die Schüler in der Unterstufe neben und in den sogenannten kleinen Spielen die grundlegenden Organisationsformen des Sportunterrichts spielerisch erlernt haben, könnte (ab einem von den Lernvoraussetzungen der Schüler abhängigen Zeitpunkt) in der Mittelstufe mit der Einführung der Ballspiele begonnen werden.

Ein weiterer, sehr wichtiger Aspekt für Mannschaftsballspiele ist das Verständnis von räumlichen Gegebenheiten und die damit verbundene situationsadäquate *Raumorientierung*. Um Ballspiele spielen zu können, müssen die Schüler wissen, wo das Spielfeld ist, wo sich seine Grenzen befinden, welche Raumwege eventuell vorgeschrieben sind bzw. in einem Spiel möglich oder aber auch nicht erlaubt sind. Die Schüler müssen sich in fortschreitend komplexeren Spielen auf einen Ball, auf ein Ziel, einen Partner und einen Gegner einstellen können. Wenn Schüler schon bei Spielen mit sehr geordneten Raumstrukturen Schwierigkeiten haben, z.B. an einem Ort zu bleiben oder sich auf ein vorgegebenes Ziel zuzubewegen, sind sie bei komplexeren Spielen überfordert. Die zahlreichen Laufspiele, die in der Eingangs- und Vorstufe gespielt wurden, haben einen großen Einfluß auf die jetzt benötigten Lernvoraussetzungen im Bereich der Raumorientierung. Diese Lernvoraussetzung ist für die meisten Spiele leider unabdingbar.

Die Auseinandersetzung zweier Menschen mit einem gemeinsamen Spielgegenstand erfordert nicht nur ein Eingehen auf den Spielgegenstand, sondern auch ein Eingehen auf den Spielpartner. Die Schüler müssen die *Fähigkeit* entwickelt haben, *unter Anleitung gemeinsam mit einem Partner etwas tun zu können.* Wenn Kinder schon in der Lage sind, sich auf einen Spielpartner einzulassen, spricht meines Erachtens nichts dagegen, daß bestimmte Materialerfahrungen mit einem Ball schon gleich zusammen mit diesem Partner gemacht werden. Das sollte dann auch schon gleich in einem Spiel geschehen, dessen Spielgedanke recht einfach zu verstehen ist. Voraussetzung ist natürlich, daß die beiden Spielpartner kognitiv in der Lage sind, den Spielgedanken zu erfassen und ihn motorisch in Handlung umsetzen zu können.

Weiterhin müssen sie die für das Spiel geltenden Regeln kennen und selbstverständlich auch befolgen. *Die Fähigkeit zur Orientierung an Spielregeln* folgt dem Prinzip „vom Einfachen zum Komplexen“. Das heißt, daß Kinder zunächst nur einfache Spielregeln erkennen und befolgen können. Erst mit zunehmendem Alter und auch bei zunehmender Intelligenz sind sie in der Lage, komplexere Regelwerke zu verstehen. Für den Sportunterricht läßt sich daraus ableiten, daß leistungsschwächere Schüler nicht mit Spielen konfrontiert werden sollen, deren Regeln sie nicht erfassen können. Das soll jedoch nicht heißen, daß sie überhaupt nicht daran teilnehmen sollen. Vielmehr sollen sie (wenn möglich) innerhalb dieses Spiels engumrissene Spielaufgaben erhalten, die nur einfache Spielregeln beinhalten. *Später werden dazu noch Beispiele gegeben.*

Von Beginn der Unterrichtsreihe an sollten auch Aufgaben gestellt werden, die die beiden Spielpartner im fairen Wettstreit miteinander austragen. So wird sichergestellt, daß die Schüler lernen, daß es Spiele gibt, in denen ein anderer Spieler versucht, ihn an der Ausführung seiner Spielaufgabe zu behindern und den es ebenfalls zu behindern gilt. Ein weiterer Schritt ist der kombinierte Behinderungsversuch bzw. dessen Abwehr beim gleichzeitigen Weiterverfolgen der eigentlichen Spielabsicht, nämlich der Spielidee entsprechend zu gewinnen.

Das Einführen von Gruppen, die gegeneinander in Wettstreit treten, ist ebenfalls methodisch zu planen. Beginnend mit Kleingruppen, die sukzessiv größer werden, sollten den Schülern zunächst noch Hilfestellungen gegeben werden, durch eine geordnete Gruppenorganisation (z.B. Staffelmannschaften), durch Eingrenzung der Spielfläche bzw. Vorgabe der Raum-/Laufwege. Daß zu einer neuen Anforderung beim Erlernen von Mannschaftsspielverhalten nicht gleichzeitig noch eine neue Aufgabe zur Balltechnik gestellt werden sollte, versteht sich eigentlich von selbst.

Insgesamt bleibt festzustellen, daß die Spiele nicht nur für eine Unterrichtsstunde gedacht sind, um danach sofort in der nächsten Unterrichtsstunde gleich ein neues Spiel zu erarbeiten. Gerade den leistungsschwächeren Schülern kommt es zugute, wenn sie auch Spiele mit einfachem Schwierigkeitsgrad oft üben können. Manchmal können sie nach häufigem Üben erst alle Aspekte eines Spiels voll erschließen. Aber auch wenn ein Spiel häufig gespielt wird, heißt das nicht, daß die Lehrkräfte nicht laufend nach neuen leistungsfordernden Aufgaben innerhalb dieses Spiels für die leistungsstärkeren Spieler suchen sollten. Grundsätzlich ist es natürlich möglich, daß Sie für die in diesem Heft vorgeschlagenen Spiele noch differenziertere „methodische Vorspiele" erarbeiten müssen als die, die angegeben werden, um den individuellen Leistungsfähigkeiten der Mitglieder Ihrer Lerngruppe gerecht zu werden.

Abschließend möchte ich anfügen, daß die Verbesserung balltechnischer Fertigkeiten immer in Spielform und nicht in langweiligen technischen Übungen angestrebt werden sollte. Aber auch hier ist die Zielsetzung der Unterrichtsstunde entscheidend: Zu Beginn steht die Lernzielformulierung. Wenn die Schüler eine bestimmte balltechnische Fertigkeit erlernen sollen, ist das Spiel der methodische Weg dazu. Sollen die Schüler ein bestimmtes Grundverhalten eines Mannschaftsspiels erlernen, ist der Ball nur ein Lerngegenstand, mit dessen Hilfe dieses Ziel angestrebt wird. Einige geistigbehinderte Schüler können alle notwendigen Mannschaftsspielverhalten erlernen, viele werden zumindest ein paar davon erlernen können. Dabei sollte es zunächst völlig offen bleiben, ob es sich dabei später einmal um ein Wurf-, Torschuß- oder Rückschlagspiel handelt. Ziel ist es, die Schüler über eine Schulung der balltechnischen Fertigkeiten hinaus überhaupt spielfähig zu machen (vgl. Richtlinien Sport der Länder bezüglich der „vorbereitenden Einheiten"). Sie sollten sich an der individuellen Leistungsfähigkeit ihrer Schülerinnen und Schüler orientieren, bevor Sie entscheiden, an welcher Stelle der im weiteren noch dargestellten Spielvorschläge Sie beginnen wollen.

3.1 Allgemeine Anmerkungen zum Ball- und Mannschaftsspiel

Unsere Schüler sollten folgende grundsätzlichen Lernvoraussetzungen für das Spielen mit dem Ball mitbringen:

Sie müssen

- den Ball wahrnehmen können (in Ruhe und Bewegung),
- sich eine gewisse Zeit lang auf den Umgang mit ihm konzentrieren können,
- den Ball als Spielgegenstand akzeptieren können und nicht nur stereotyp handhaben,
- den Ball aufnehmen und halten können,
- die Roll- und Springfähigkeit eines Balles aufgrund seiner Form erlebt haben und diesen Zustand schon selbst erzeugt haben.

Damit die Schüler diese Lernvoraussetzungen erfüllen können, ist eine umfassende *Materialerfahrung* mit vielen verschiedenen Bällen unbedingt notwendig. Das gilt nicht nur für dieses Anfangsstadium, sondern auch später immer wieder (freie Spielsituationen – Provokation: Korbball mit Zeitungspapier? Hockey mit viereckigen Schaumstoffsteinen? Fußball mit Schaumgummiwürfeln?....):

Wie sieht ein Ball aus?

- TT-Ball
- Tennis-Ball
- geknülltes Zeitungspapier
- Gymnastikball

- Handball
- Fußball
- Neonball (in abgedunkelter Halle)
- Basketball
- Volleyball
- Medizinball
- gefüllte Jonglierbälle (rollen nicht so leicht weg)
- Gummi-Kugelstoß-Kugel
- Klingelball
- Murmeln
- Vollgummiball (Flummi)
- Igelnoppenball
- Softbälle aus Schaumstoff
- Luftballon
- Luftballon gefüllt mit Wasser
- aufblasbarer Wasserball
- aufgeblasener Wasserball, der teilweise mit Wasser gefüllt ist
- Zeitlupenball
- Globus
- Muß ein Ball rund sein (Football, mehreckig, Indiaca, Frisbee, Federball, Puck als Ballersatz...)?
- Wie sehen Spielgegenstände aus, die zum spielerischen Umgang mit dem Ball benutzt werden können (Schwungtücher, Eimer, Säkke, verschiedene Schläger, reach-volley...)
- ...

Die Lehrkräfte sollten im Anschluß immer (sinngemäß) folgende Fragen nach den Balleigenschaften stellen:

Mit welchem Ball kann man was am besten bzw. überhaupt nicht gut machen? Warum ist das so? Eignen sich auch andere Spielgegenstände für das Spiel?

Folgende Grundfertigkeiten im Umgang mit dem Ball sollten schon in einer Phase der Materialerfahrung erarbeitet werden:

- tragen
- rollen (einschl. zielrollen)
- werfen (einschl. zielwerfen und übergeben)
- fangen (einschl. aufnehmen und annehmen)
- schießen (einschl. zielschießen)
- prellen
- führen mit dem Fuß oder einem Gegenstand (Hockeyschläger, Schrubber, Reifen ...)
- stoppen mit Händen, Füßen, Körper
- schlagen mit der Hand oder einem Gegenstand

Beim späteren *Spiel mit dem Ball* lassen sich zwei wichtige Lernzielgruppen feststellen. Bei der **ersten Gruppe** bildet ein gezielter **Ausbau der Grundfertigkeiten beim Umgang mit dem Ball** die Lernziele. Grundsätzlich lassen sich hier drei Untergruppen bilden:

1.1 das Abgeben eines Balles (im Sinne von 'von sich geben'): Werfen, Schießen, Schlagen (mit der Hand oder einem Gegenstand), Rollen;

1.2 das Führen eines Balles: Mit dem Fuß, mit der Hand (Tragen, Rollen, Prellen), mit einem Gegenstand (z.B. Hockeyschläger...);

1.3 das Annehmen eines Balles: Fangen, Stoppen mit einem Körperteil (Hände, Fuß, Brust, Kopf...) und/oder mit einem Gegenstand (Schläger, Sack, Tuch, reach-volley...).

Eng verbunden mit dem Annehmen eines Balles sind bei einigen Spielen auch das Ausweichen vor einem Ball oder das Abwehren eines Balles. Es ist ebenfalls ein wichtiges Lernziel, da es auch das genaue Beobachten des abspielenden Spielers und der Flugbahn des Balles erfordert.

Die **zweite Lernzielgruppe** beinhaltet das Erlernen der wichtigsten **Grundsituationen beim Mannschaftsspiel** (vgl. Hagedorn/Bisanz/Duell):

2.1 Erobern eines Balles (d.h. einen Ball sehen, auf ihn zulaufen und ihn nehmen)

a) einen ruhig liegenden Ball erobern,
b) einen sich bewegenden Ball erobern,
c) einen Ball erobern, der umkämpft wird;

2.2 Einen Ball vorbringen (d.h. einen Ball in eine vorgegebene Zielrichtung bringen)

a) einen gehaltenen Ball vorbringen,
b) einen bewegten (geführten) Ball vorbringen,
c) einen Ball gegen Störung eines Gegners vorbringen;

2.3 Einen Ball ins Ziel bringen (d.h. ein vorgegebenes Ziel treffen)

a) den Ball ins Ziel legen,
b) den Ball ins Ziel werfen, schießen, rollen, schlagen;

2.4 Dem Partner helfen

a) den Ball übergeben,
b) den Ball zuspielen,
c) den Paßweg suchen;

2.5 Den Gegner stören

a) den Ballvortrag (d.h. das 'Vorbringen des Balles' durch den Gegner) stören,

b) das 'Ball-ins-Ziel-bringen' des Gegners stören,

c) das Zusammenspiel des Gegners stören..

Unterscheidung in der Zielsetzung „Ball vorbringen/-tragen" und „Ball führen":

Beim Führen des Balles liegt der Zielschwerpunkt in der Art und Weise, wie der Ball zu einem Ziel geführt werden soll. Beim Zielschwerpunkt „Ball vorbringen" liegt der Zielschwerpunkt im Erkennen und in der Durchsetzung der Spielidee, daß der Ball zu einem Ziel geführt werden soll. Die Art des Führens ist zweitrangig und kann von der Lehrkraft sehr differenzierend bestimmt werden. Leistungsstärkere Schüler können z.B. einen Ball mit den Füßen zum Ziel führen, während leistungsschwächere Schüler den Ball zum Ziel tragen. Vor allem, wenn in einer späteren Spielstufe der Ballvortrag gestört werden soll, haben leistungsschwächere Schüler beim Tragen eines Balles noch Möglichkeiten zum Mitspielen.

Eine mögliche **dritte Lernzielgruppe** umfaßt die **Spielfähigkeit** der Schüler als Lernziel. Es handelt sich hier – bezogen auf geistigbehinderte Schüler – um individuelle Langzeitziele, die bei keiner Unterrichtsstunde außer acht gelassen werden sollten. Unter Umständen ist es sinnvoll, diese Ziele selbst zum Unterrichtsziel einer Unterrichtsstunde zu machen:

„Neben der Fähigkeit, in einem bereits laufenden oder vororganisierten Spiel *mitmachen* zu können, müssen gute Spieler auch in der Lage sein, ihr Spiel selbst *hervorzubringen*, es im Fluß zu halten und gegebenenfalls *wiederherzustellen*, eben es zu *inszenieren*." ... „Die in der Schulsportpraxis angestrebten Ziele sind also die Fähigkeiten

- in Sportspielen mitmachen zu können,
- Sportspiele selbst organisieren zu können,
- Sportspiele gestalten zu können,
- Sportspiele zu begreifen." (DIETRICH 1985, S. 12/13)

Die Fähigkeit „in Sportspielen mitmachen zu können", hängt unter anderem sehr stark von der Fähigkeit der Lehrkräfte ab, ein Spiel so zu gestalten, daß alle Schüler Leistungsanforderungen erfahren, die von dem Spiel notwendigerweise erfordert werden und von den Schülern leistbar sind. Spiele werden demnach so verändert, daß jeder Schüler daran teilnehmen darf und auch **kann**.

Die Organisation von Sportspielen fängt an bei der Bereitstellung der Sportgeräte für ein bestimmtes Spiel durch die Schüler. Sie wird weitergeführt durch das Spielen unter der zu Beginn gemachten Spielanweisung der Lehrkräfte bis zum selbständigen Spiel bei Beachtung aller bekannten Spielregeln. Sie endet bei der absolut selbständigen Organisation des Spiels, was auch die Schiedsrichterfunktion und Aufgabenteilung unter den Spielern miteinschließt. Das ist ein sehr hoher Leistungsstand, der neben der Leistungsfähigkeit der einzelnen Schüler auch immer von der Komplexität eines Spieles abhängig ist. Diesen Leistungsstand werden nur sehr wenige Schüler erreichen können, die dann allerdings auch die Leitfunktionen der Spielorganisationen für die Mannschaften übernehmen sollten.

Die Fähigkeit der Gestaltung von Spielen wird wiederum nur sehr wenigen Schülern vorbehalten sein. Sie verlangt das Ändern von Spielen unter verschiedenen organisatorischen Bedingungen, das Ändern von Spielen unter vorgegebenen neuen Zielsetzungen, wie das Erfinden neuer Spiele. Vor allen Dingen bei den einfachen Spielen fallen den Schülern manchmal Änderungsmöglichkeiten ein.

Die Fähigkeit, Sportspiele zu begreifen, hängt sowohl von der kognitiven Leistungsfähigkeit, wie auch von der Komplexität der Spiele ab. Es kann m. E. durchaus beabsichtigt sein, daß leistungsschwächere Schüler nur bestimmte Spielanteile eines komplexen Spiels verstehen müssen, um an ihm teilnehmen zu können. Das bedingt jedoch, daß die anderen Mitspieler darüber informiert sind, und daß ein Spiel so gestaltet ist, daß diese Schüler mit ihren „Teilfähigkeiten" (bezüglich des Spiels) dennoch wichtige Funktionen innerhalb des Spieles übernehmen können (siehe später). Das Erlernen neuer Spiele (bzw. Spielanteile) geschieht im Hinblick auf ein schnelleres Begreifen dieser Spiele daher häufig durch Vormachen der Lehrkräfte bzw. leistungsstärkerer Schüler. Sehr viele Spiele müssen intensiv geübt werden, bis die meisten Schüler sie verstanden haben. Je besser die Schüler das Spiel verstanden haben, umso aktionsreicher wird es dann häufig auch. Ein den Schülern bekanntes Spiel kann dann natürlich auch öfter gespielt werden, so daß die Lehrkräfte sich nicht für jede Unterrichtsstunde ein neues Spiel einfallen lassen müssen.

Folgende „Gebote" lassen sich demnach für das Mannschaftsspiel geistigbehinderter Schüler ableiten:

1. Alle können mitmachen!

Beim ersten Teil der Unterrichtseinheit spielen alle Schüler mit. Das anfänglich einfache Spiel wird von Einheit zu Einheit der Leistungsfähigkeit der einzelnen Schüler und der Gruppe entsprechend zu einem größeren gemeinsamen Gruppenspiel entwickelt. Im zweiten Teil sollten homogenere Spielgruppen gebildet werden, um auch den Bedürfnissen der leistungsstärkeren Schüler Rechnung zu tragen. Diese werden sonst in ihrem allgemeinen Bewegungsdrang schon so stark durch die Rücksichtnahme auf die anderen Schüler gehemmt, daß sich die Lehrkräfte überlegen müssen, ob das wirklich noch den Aufgaben des Sportunterrichts in einem ohnehin bewegungsarmen Schulalltag entspricht. Außerdem können diese Schüler so noch anspruchsvollere Ball-Mannschaftsspiele kennenlernen. Parallel erhalten auch die leistungsschwächeren Schüler die Gelegenheit, sich mit Spielen auseinanderzusetzen, die sich an ihrem Leistungsstand orientieren.

2. **Jeder hat eine Aufgabe (je nach seinen Fähigkeiten – Verständnis der persönlichen Spielaufgabe)!**
3. **Jeder ist wichtig (Aufgabe der Lehrkraft ist es, Spiele so zu konstruieren, daß dies auch eintritt)!**
4. **Die Mannschaft hat eine Aufgabe (Verständnis der Spielidee des Mannschaftsspiels)!**

   Dieses Ziel wird bei fortschreitenden Anforderungen von einigen Schülern nicht mehr erreicht werden. Diese nehmen dennoch am Spiel teil und erfüllen *ihre* Spielaufgabe. Ihre Spielpartizipation ermöglicht ihnen noch am ehesten ein Verstehen der Spielidee durch das Vorbild ihrer Mitspieler.
5. **Jedes Spiel soll möglichst anspruchsvolle Spielaufgaben sowohl für leistungsschwache, aber auch für leistungsstarke Schüler haben.**

3.2 Praktische Spielvorschläge mit Lernzielen

Die im folgenden dargestellten Spiele sind vielfach aus der Literatur bekannt. Sie wurden jedoch so ausgewählt, daß sie in ihrem Schwierigkeitsgrad auch von vielen geistigbehinderten Schülern gespielt werden können. Wenn nötig wurden sie abgewandelt, um sie zu vereinfachen. Es ergeben sich auch einige Kombinationsspiele, die das Zusammenspiel von leistungsschwächeren mit leistungsstärkeren Schülern ermöglichen. Allen Spielen wurden mögliche Lernziele zugeordnet. Häufig lassen sich mehrere Ziele einem Spiel zuordnen. Wichtigstes Unterscheidungskriterium bleibt die Schwerpunktsetzung innerhalb der Sportstunde bzw. das individuelle Lernziel einiger Schüler. Darüber hinaus werden für diese Spielform immer noch Differenzierungsvorschläge für leistungsschwächere und leistungsstärkere Schüler angeboten.

Spiele zu den Grundfertigkeiten im Umgang mit dem Ball

Zunächst erfolgen einige Beispiele zu den Grundfertigkeiten im Umgang mit dem Ball. Diese lassen sich sehr gut bei Wettwanderball- und Staffelwettspielen erproben. Geeignet sind eventuell Pendel-, vor allen Dingen jedoch Umkehrstaffeln, da diese besonders einfach zu erlernende Organisationsformen haben. Ein methodisches Hilfsmittel bei der Einführung dieser Formen können Bänke sein, auf denen die Schüler zur Orientierungshilfe im Raum und zur besseren Organisation des Abwechselns sitzen. Gibt es bei den Spielen Punkte zu gewinnen, so soll der Punktestand immer optisch für alle Schüler, die schon ein Verständnis von „mehr", „weniger" oder „gleich viel" haben, umgesetzt werden (Stapeln von Schaumstoffsteinen am Spielfeldrand, Quadrate an einer Magnettafel ...).

Selbstverständlich kann die Lehrkraft innerhalb einer Staffel von verschieden leistungstarken Schülern auch unterschiedliche Bewegungsmuster erwarten. So lassen sich eben auch für leistungsstärkere Schüler noch neue und herausfordernde Aufgaben finden, während leistungsschwächere Schüler ihre Fertigkeiten noch weiter festigen können.

Darüber hinaus lassen sich einige dieser Übungsspielformen – nach vorheriger Prüfung auf ihre Eignung – auch als Spielgrundlage für Mannschaftsballspiele einsetzen.

✦ *Lernziel: Führen eines Balles (tragen, rollen, prellen, mit einem Gegenstand)*

Wie kann ein Ball getragen werden?

- beim Gehen (vorw., rückw., seitw.)
- mit beiden Händen/einer Hand vor dem Bauch
- .. hinter dem Rücken
- .. zwischen den Beinen
- .. auf der Handfläche
- .. auf einem anderen Objekt (Löffel, Ring, Tuch, Sack, Eimer...)
- beim Laufen
- beim Kriechen
- auf dem Bauch beim Krebsgang
- beim Hüpfen
- beim Übersteigen eines Hindernisses
- beim Überspringen von Hindernissen
- während eines Sprunges

- beim Rollen auf dem Rollbrett, auf Rollschuhen
- beim Balancieren
- beim Klettern
- eingeklemmt zwischen den Armen
- ...zwischen den Beinen
- ...zwischen zwei Partnern (auch beim Tanzen)
- mit vielen Partnern (Globus)
- mit vielen Partnern (Schwungtuch)
- mehrere Partner transportieren einen balltragenden Mitschüler (der z.B. im Rollstuhl sitzt oder auf einer mit Rollbrettern unterlegten Matte liegt)
- Erfahrungen sammeln mit verschieden schweren Bällen, die getragen werden sollen
- ...mit mehreren Bällen, die gleichzeitig getragen werden sollen

Ein Ball kann auch rollend geführt werden:

- mit einem Gegenstand (z.B. Besen, Brett, Hokkeyschläger, Golfschläger, Reifen)
- sitzend beidhändig/einhändig um einen Gegenstand herum, dann zum nächsten Partner weiterrollen
- sitzend beidhändig/einhändig unter den angewinkelten Knien um die Füße herum, d.z.n.P.w.
- sitzend beidhändig/einhändig um den eigenen Körper herum, d.z.n.P.w.
- liegend auf dem Bauch, unter dem Bauch her über den Rücken zurück, d.z.n.P.w.
- liegend auf dem Rücken, unter dem Rücken her über den Bauch zurück, d.z.n.P.w.
- stehend beidhändig/einhändig um die Füße herum, d.z.n.P.w.
- grätschsitzend beidhändig/einhändig auf einen Partner zurollen
- grätschsitzend beidhändig/einhändig auf mehrere Partner zurollen
- in der Fortbewegung (sitzrutschend, kriechend, gehend, laufend, während des Rollens mit einem Rollbrett – vorw., rückw., seitwärts) einen Ball neben sich rollen
- einen Ball vorrollen und ihm nachlaufen
- an Hindernissen vorbei, durch sie hindurch, über sie hinweg, um sie herum,

  z.B.:

  – mehrere Bälle führen

  – über eine Langbank führen, daneben gehen

  – über eine Langbank rollen, darauf gehen

  – neben einer Langbank führen, darauf gehen

  – beim Kriechen mit dem Kopf schieben

  – ,, durch ein Kastenteil

  – ,, durch gehaltenen Reifen

  – ,, um Stangen herum

  – ,, über schräge Ebenen

  – ,, unter Seilen

  – Schüler soll von Reifen zu Reifen hüpfen, dabei soll er einen Ball neben den Reifen rollend weitertransportieren (Lernziel ist der dosierte Anschwung zum Rollen)

- sitzend, stehend, aus dem Gehen, aus dem Laufen:

  – den Ball auf ein (großes/mittelgroßes/kleines) Ziel rollen

  – den Ball auf ein sich bewegendes Ziel (groß/mittelgroß/klein) rollen

  – um ein Hindernis herumrollen (mit Banden)

  – um ein Hindernis herum auf ein Ziel zurollen

Zum Prellen:

- Ball fallen lassen, den aufspringenden Ball wieder fangen
- Ball fallen lassen, 2 mal aufspringen lassen, dann wieder fangen
- mit beiden Händen zum Boden prellen und wieder fangen
- mit beiden Händen zum Boden prellen und zurückspringenden Ball gleich wieder prellen
- nur mit einer Hand prellen
- mit der anderen Hand prellen
- abwechselnd mit den Händen prellen
- während der Fortbewegung prellen (gehen, laufen, Hindernisbahn, Balancieren...)

✦ *Lernziel: Abgeben eines Balles (Rollen, Schießen, Werfen, Schlagen)*

Wie kann man einen Ball rollen/schießen/werfen/schlagen?

- beidhändig + einhändig (vor-, rück-, seitwärts)
- so hoch wie möglich
- so weit wie möglich
- auf ein Ziel (unbewegt und bewegt)
- auf ein Ziel mit Hindernissen (z.B. über ein Netz werfen, über eine Bande zum Ziel rollen)
- aus dem Stand, Sitz, aus dem Liegen
- aus der Bewegung (während des Laufens, des Springens, des Rollens mit Rollbrettern oder Rollschuhen, des Schaukelns)
- mit einem Schlag- oder Abstoßgegenstand rollen (z.B. Besen, Brett, Hockey- und Golfschläger)
- mit verschiedenen Schlaggegenständen in verschiedener Größe und unterschiedlichen Bällen schlagen

✦ *Lernziel: Annehmen eines Balles (Nehmen, Fangen, Stoppen mit einem Körperteil oder einem Gegenstand)*

Die Fangsicherheit nimmt zu, wenn ein Ball von vorn angenommen wird. Daher ist von Beginn an auf eine günstige Körperstellung zum Ball zu achten. Diese Stellung beinhaltet auch eine Bereitschaftshaltung insbesondere der Arme und Hände, aber auch des Rumpfes und der Beine. Jede noch so einfache Flugbahn (Rollbahn) eines Balles muß vom Schüler antizipiert werden. Entsprechend seiner Vermutung über eine günstige Position zum Abfangen des Balles bewegt er sich auf diese Position zu (unter Umständen muß er auch in die Höhe oder Weite springen), hält die Arme und Hände in die Richtung des herannahenden Balles, fängt den Ball und federt den Ballschwung durch das Nachgeben seiner Arme (eventuell sogar seines ganzen Körpers) ab. Dann zieht er den Ball zu seinem Körper heran. Dieses beschriebene Bewegungsmuster stellt zugegebenermaßen die Idealform dar, vor deren Hintergrund aber die notwendigen Korrekturvorschläge für leistungsstärkere Schüler gegeben werden können.

Wie kann man einen Ball entgegennehmen bzw. fangen oder stoppen?

- aus der Nähe
- aus sich fortwährend vergrößernder Entfernung
- nach einem oder mehreren Aufprällen
- aus dem Stand, Sitz, aus dem Liegen
- vor dem Körper, seitlich, auf dem Rücken, über dem Kopf, zwischen den Beinen
- aus der Bewegung (während des Laufens, des Springens, des Rollens, des Schaukelns)

Von Beginn an sollte darauf geachtet werden, daß nicht gefangene oder schlecht gestoppte Bälle sofort von den Schülern wieder unter Kontrolle gebracht werden.

Das neuartige „reach-volley" macht das Fangen von Bällen für viele geistigbehinderte Schüler wesentlich einfacher. Die Schüler binden sich eine flache Scheibe mit einer Trefffläche in etwa der Größe eines Tischtennis-Schlägers an ihre Fanghand. Diese Fläche ist mit einem speziellen Klettmaterial (kleinste Widerhaken) beschichtet, so daß der mitgelieferte Ball (etwa Tennisballgröße) sofort an der Fläche hängenbleibt, sobald er sie berührt hat. Die Schüler müssen also nur noch ihre Fanghand in Richtung des gespielten Balles halten. Den Greifreflex müssen sie nicht mehr leisten. Das heißt nicht, daß sie diesen Reflex nicht üben sollen. Andererseits ergeben sich für Schüler, die diese Leistung noch nicht erbringen können, neue Möglichkeiten, an Spielen teilnehmen zu können, für deren Teilnahme sie zuvor erst die Lernvoraussetzung des sicheren 'Ballfangens' hätten leisten müssen.

✦ *Lernziel: Vermeiden eines Ballkontaktes (Ausweichen, Abwehren)*

Ebenso wie bei der Ballannahme ist auch hier die Beobachtung des Balles, seines Weges, aber auch des abgebenden Spielers wichtig, um einem Ball ausweichen zu können oder um ihn mit Händen oder Füßen abzuwehren.

Beispiele für einfache bis schwierige Mannschaftsballspiele

Die Angaben des Schwierigkeitsgrades der Spiele können natürlich nur als grobe Anhaltspunkte genommen werden, da letztlich alles vom Leistungsstand einer Lerngruppe und ihrer einzelnen Mitglieder abhängig ist. Allerdings stellen einfache Spiele insgesamt weniger und/oder einfachere Leistungsanforderungen an die Schülerinnen und Schüler als mittelschwere und schwierige Ballspiele. Unter Umständen müssen auch noch Vorformen für die einzelnen Spiele erfunden werden, um diese methodisch zu erarbeiten (vgl. Spielreihen: S. 46 ff.)

Zur besseren Orientierung sind die Spiele nach ihren Spielideen und den ihnen zugrunde liegenden Lernzielen geordnet, zu denen sie hauptsächlich einsetzbar sind. Je komplexer die Spiele werden, umso deutlicher ergeben sich Überschneidungen. Das heißt, daß ein Spiel durchaus unter mehreren Zielschwerpunkten einsetzbar ist. Um mehrfache Beschreibungen zu vermeiden, erfolgt dann ein Kurzhinweis auf die Seite, auf der das Spiel beschrieben ist.

GRUPPE 1:

Spiele, deren hauptsächliche Spielidee im Erobern von Bällen liegt

✦ Mögliche *Lernziele* sind:

- Erobern von ruhenden Bällen
- Erobern von ruhenden Bällen auch gegen Störung
- Erobern von bewegten Bällen (u. Umständen auch gegen Störung)
- Erobern von umkämpften Bällen

Zettelstaffel

✦ *Lernziel:* Die Schüler sollen einen ruhenden Ball erobern.

Das Spiel wird in Staffelform gespielt (Umkehrstaffel). Die zuerst startenden Schüler holen sich zunächst einen Zettel (Foto), auf dem ein bestimmter Ball abgebildet ist. Diesen gilt es dann von einem anderen Ort zu holen. Der Zettel kann entweder selbst schon als Staffelaufgabe vom Ballholer geholt werden, oder er wird von einem Teampartner geholt. Jeder Gruppe steht die gleiche Anzahl von Bällen zur Verfügung, so daß die Läufe parallel geschehen und auch kein Ball umkämpft werden muß.

Schwierigkeitsgrad: einfach

Material:

- verschiedene Bälle
- Fotos von den zu holenden Bällen
- kleine Kästen, in die die Bälle gelegt werden sollen (zur besseren Zielorientierung)
- eventuell zwei Bänke als Orientierungshilfe für die Schüler beim Aufrücken für das Abwechseln

Farbenball

✦ *Lernziel:* Die Schüler sollen einen ruhenden Ball erobern.

Das Spiel kann als Gruppenwettkampf oder als Staffel durchgeführt werden: Welche Mannschaft hat zuerst die Bälle ihrer Farbe erobert und zu einem markierten Ziel gebracht? Organisation: Als Startpunkt und Ziel für die Bälle und Spieler sind Matten gut geeignet.

Schwierigkeitsgrad: einfach

Material:

- Bälle in zwei (...) verschiedenen Farben
- Matten in der Anzahl der teilnehmenden Mannschaften

Schlafender Bär

✦ *Lernziel:* Die Schüler sollen einen ruhenden Ball gegen Störung erobern.

Wer traut sich, einem „schlafenden Bären" die Bälle von der Matte, auf der er liegt, zu klauen? Doch Vorsicht: Wenn er erwacht und den Dieb berührt, scheidet dieser aus.

Die Anzahl der Diebe, wie die der Bären kann natürlich auch noch erhöht werden. Das ermöglicht eventuelle Absprachen der Schüler für Täuschungsmanöver.

Schwierigkeitsgrad: einfach

Material:

- 1 Ball
- Weichboden (o.ä.) als Höhle des Bären

Die Vögel haben Hunger

✦ *Lernziel:* Die Schüler sollen ruhende Bälle erobern.

Lernvoraussetzung: Die Schüler müssen Farben zuordnen können.

Amseln, Drosseln und je nach Zahl der Mannschaften noch weitere Vogelarten sitzen in ihren Nestern (auf Turnmatten). Überall auf dem Spielfeld liegen verschiedene Bälle als „Futter" verstreut. Jede Vogelart versucht, ihr spezielles Futter zu ihrem Nest zu bringen. Aber immer nur einen Ball pro Weg zum Nest. Welche Vogelart hat zuerst ihr gesamtes Futter im Nest?

Schwierigkeitsgrad: einfach

Material:

- Bälle in soviel unterschiedlichen Farben, wie Mannschaften am Spiel teilnehmen
- Turnmatten in Anzahl der teilnehmenden Mannschaften
- eventuell farbige Bänder, die die Mannschaftsmitglieder sich umhängen. Sie helfen bei der Unterscheidung zwischen den Spielern und eignen sich zum Farbvergleich für die zu erobernden Bälle. Unter Umständen müssen auch die Matten markiert sein.

Methodische Schritte zur Einführung des Spiels:

- Es werden zunächst nur zwei Vogelgruppen gebildet. Anfänglich startet immer nur je ein Vertreter der Gruppe, dann zwei, usw.

Schlangenkönig mit Ball

✦ *Lernziel:* Die Schüler sollen einen bewegten Ball erobern.

Ein Schüler hält ein Seil in der Hand, an dem ein Schlaufenball (Schleuderball) festgebunden ist. Er ist der Schlangenkönig. Die anderen Schüler versuchen, diesen Ball zu berühren (je nach Aufgabenstellung mit dem Fuß oder der Hand)

Schwierigkeitsgrad: einfach

Material:

- 1 Seil
- Schlaufenball (Schleuderball)

Ballregen

✦ *Lernziel:* Die Schüler sollen bewegte Bälle erobern.

Ein Schüler läßt aus einem Netz alle kleinen Bälle auf den Boden „regnen". Die anderen versuchen, die Bälle einzufangen. Gewonnen hat derjenige mit den meisten Bällen. Dieser wird der neue „Regenmacher". Die Ballsucher dürfen auch Plastiktüten (o.ä.) zum Einsammeln der Bälle benutzen.

Schwierigkeitsgrad: einfach

Material:

- Ballnetz oder Behälter
- verschiedene Bälle
- Tüten

Haltet das Feld frei

✦ *Lernziele:*

- Die Schüler sollen bewegte Bälle erobern.
- Die Schüler sollen Bälle abgeben, indem sie sie rollen, werfen, schießen, mit der Hand oder einem Gegenstand schlagen.

Das Spielfeld wird in der Mitte geteilt. Je eine Mannschaft befindet sich in einer Hälfte. Sie haben die gleiche Anzahl Bälle. Auf ein Signal versuchen sie, ihre Bälle jeweils in das gegnerische Spielfeld zu werfen. Dies führt dazu, daß laufend Bälle hin- und hergeworfen werden, die dann durch die Spielfelder hüpfen und rollen. Diese Bälle gilt es natürlich zu erobern und gleich wieder zurückzuwerfen. Gewonnen hat die Mannschaft, die bei Ablauf der vereinbarten Zeit die wenigsten Bälle in ihrer Spielhälfte hat.

Schwierigkeitsgrad: einfach

Material:

- verschiedene Bälle
- Langbänke zum Abtrennen der Spielfelder
- evtl. Gegenstand zum Schlagen

Haltet den Kasten voll

✦ *Lernziel:* Die Schüler sollen bewegte Bälle erobern.

Ein oder zwei Schüler versuchen, innerhalb einer vorgegebenen Zeit aus einem geöffneten Kasten so viele Bälle wie möglich herauszuwerfen. Die anderen Schüler versuchen, so schnell wie möglich die wegspringenden und -rollenden Bälle zu erobern und wieder in den Kasten zurückzuwerfen.

Schwierigkeitsgrad: einfach

Material:

- verschiedene Bälle
- zweiteiliger großer Kasten

Die Vögel haben Hunger (2)

✦ *Lernziel:* Die Schüler sollen umkämpfte Bälle erobern.

Amseln, Drosseln und je nach Zahl der Mannschaften noch weitere Vogelarten sitzen in ihren Nestern (Turnmatten). Überall auf dem Spielfeld liegen Bälle als gemeinsames „Futter" verstreut. Jede Vogelart versucht, das Futter zu ihrem Nest zu bringen. Aber immer nur einen Ball pro Weg zum Nest. Welche Vogelart bringt das meiste Futter zu ihrem Nest?

Schwierigkeitsgrad: mittelschwer

Differenzierungsmöglichkeit: Es lassen sich für leistungshomogene Schülergruppen bestimmte Futterzonen festlegen, die die Laufwege verkürzen bzw. verlängern können. So kann auch sichergestellt werden, daß gleichstarke Schüler gegeneinander antreten.

Material:

- verschiedene Bälle
- Material, um Schüler und Futterzonen zu markieren

Wer hat keinen Ball? (Reise nach Jerusalem)

✦ *Lernziel:* Die Schüler sollen umkämpfte Bälle erobern.

Alle Schüler laufen auf dem Spielfeld umher. Auf den Ruf des Lehrers „Holt Euch einen Ball", läuft jeder Schüler zu einem Ball. Allerdings ist bei jedem Durchgang immer ein Ball weniger da, als Schüler.

Schwierigkeitsgrad: einfach bis mittelschwer

Differenzierungsmöglichkeit: Eventuell durch Spielsteuerung des Lehrers. So kann er zum Beispiel immer dann rufen, wenn ein leistungsschwächerer Schüler sich gerade in der Nähe eines Balles befindet.

Material: verschiedene Bälle

Reiterball

✦ *Lernziele:*

- Die Schüler sollen einen umkämpften Ball erobern (Pferde).
- Die Schüler sollen den Ball auf ein ruhendes Ziel werfen.

Die Schüler bilden Paare und stehen im Innenstirnkreis (d.h. sie stehen im Kreis und können sich ansehen). Einer aus jedem Paar spielt ein Pferd, der andere einen Reiter. Die Reiter stehen in Grätschstellung über den in Bankstellung knienden Pferden. Alle Reiter werfen sich untereinander einen Ball zu. Fällt dieser zu Boden, laufen die Reiter so schnell und weit wie möglich davon. Die Pferde versuchen ihrerseits, so schnell wie möglich den Ball zu bekommen. Ist dies einem von ihnen gelungen, ruft er laut: „Halt!" Dann müssen alle Reiter sofort stehen bleiben. Kann das Pferd nun einen der Reiter treffen, tauscht er mit ihm die Rolle und wird nun selbst zum Reiter. Das Spiel beginnt von vorn.

Schwierigkeitsgrad: mittelschwer

Material: 1 Softball

Musketierball

✦ *Lernziele:*

- Die Schüler sollen einen umkämpften Ball erobern.
- Sie sollen den Ball gegen Störung zu ihrem Spielpartner passen.
- Sie sollen den Ball gegen Störung auf ein Ziel abspielen.

Zwei Musketiere werden von ihren Königen auf ein Spielfeld geschickt, um dort einen Ball zu erobern. Gelingt dies einem Spieler, spielt er ihn schnell seinem König zu, der auf einer Matte steht (Zuspielart kann vorher individuell festgelegt werden). Kann der König diesen Ball fangen (oder erreichen), erhält dieses Königreich einen Punkt. Wenn sich die Spielidee gefestigt hat, kann der König auch zwei oder noch mehr Musketiere ins Feld schicken.

Schwierigkeitsgrad: einfach bis mittelschwer

Differenzierungsmöglichkeit: Leistungsschwächere Schüler können den eroberten Ball in ein leeres Tor oder über eine Grundlinie spielen.

Material:

- Spielbälle
- 2 Matten

Vielfelder-Partei-Ball

✦ *Lernziele:*

- Die Schüler sollen einen umkämpften Ball erobern.
- Sie sollen den Ball ihren Partnern gegen Störung zupassen.
- Sie sollen gegen Störung einen gepaßten Ball fangen.

Die Art des Zuspielens wird zuvor von den Lehrkräften festgelegt.

Die Halle wird in drei bis vier hintereinanderliegende Felder eingeteilt. Zwei Mannschaften haben die gleiche Anzahl Spieler in den einzelnen Feldern (zu Beginn sind das je Mannschaft nur ein Spieler). Es ist das Ziel jeder Mannschaft, den Spielball in ihr zuvor bestimmtes leeres Zieltor zu spielen. Allerdings muß dies von Feld zu Feld geschehen, ohne eines auszulassen. Die Spieler der einzelnen Felder dürfen ihr Feld nicht verlassen. In jedem Feld wird der Ball also von den entsprechenden Spielern der Mannschaft umkämpft und es wird versucht, den Ball zu dem Mitspieler im nächsten Feld (in Zielrichtung) zu passen. Ein ständiges Freilaufen und Decken in den Feldern ist daher sehr wichtig, um Anspielmöglichkeiten zu schaffen bzw. auszuschließen.

Schwierigkeitsgrad: Das Spiel erscheint zu Beginn ziemlich schwierig. Es ist durch häufiges Üben jedoch gut spielbar.

Material:

- 1 Spielball
- Bänke oder Gummischnüre zur Felderabtrennung

Methodische Schritte zur Einführung des Spiels:

- Zunächst sollte das Spiel Brückenwächter eingeführt werden (siehe S. 23)

Vielfelder-Partei-Ball mit freien Spielern

Das Spiel kann auch mit freien Spielern am Spielfeldrand gespielt werden. Mannschaft A hat zum Beispiel am linken Spielfeldrand und Mannschaft B am rechten Spielfeldrand – der Rand umfaßt alle Spielfelder – einen freien Spieler. Die Reihenfolge der zu durchspielenden Felder bleibt jedoch verbindlich. Da der freie Spieler aber immer anspielbar ist und sich nicht gegen einen Gegenspieler zur Wehr setzen muß, bieten sich mehr Spielmöglichkeiten.

Schwierigkeitsgrad: sehr schwierig (nur in homogenen Gruppen spielbar)

Material:

- 1 Spielball
- Bänke oder Gummischnüre zur Felderabtrennung

Auch das Spiel „Kegeljunge" läßt sich bei entsprechender Schwerpunktsetzung unter den Spielen der Gruppe 1 einordnen (vgl. Seite 42)

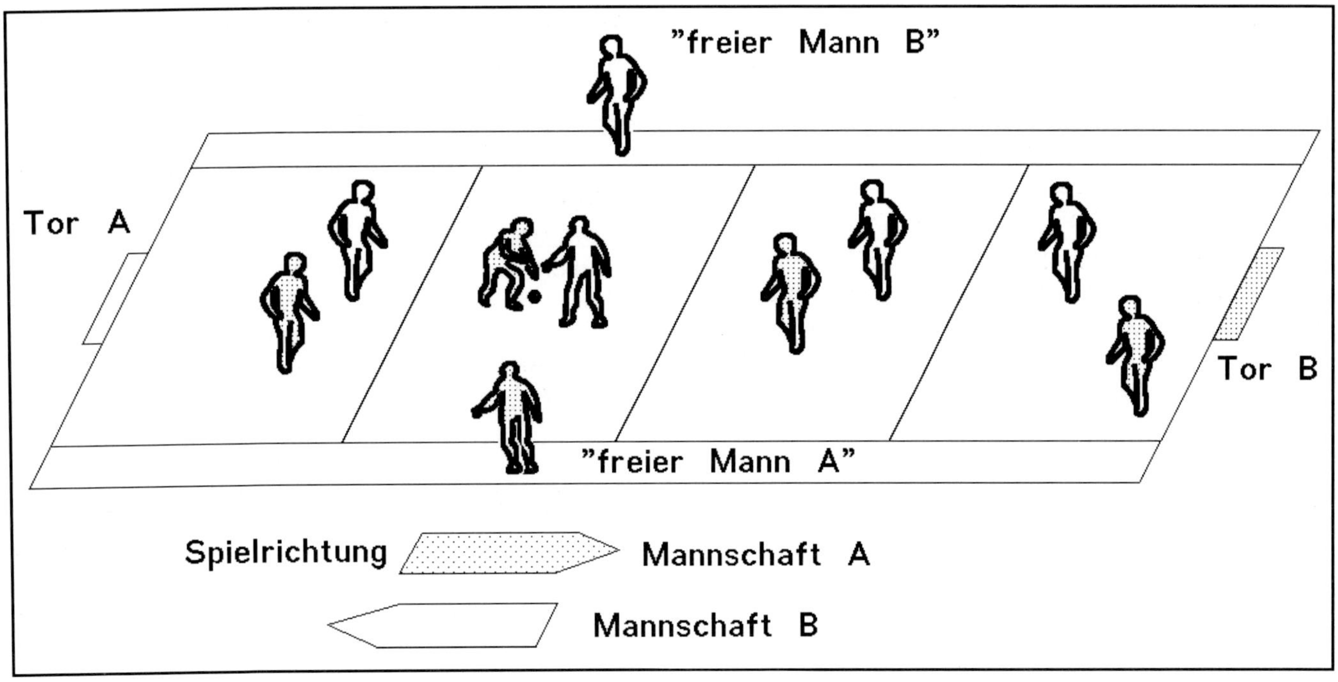

Bild 1: „Vielfelder-Partei-Ball mit freien Spielern"

GRUPPE 2:

Spiele mit der hauptsächlichen Spielidee des Ballvortragens

✦ Mögliche *Lernziele* sind:

– den Ball zu einem Ziel führen, indem der Ball getragen, gerollt, mit dem Fuß oder einem Gegenstand geführt, geprellt wird

– den Ball vortragen gegen Störung, indem die Schüler einen Ball halten, rollen, prellen, mit dem Fuß oder einem Gegenstand führen.

Wettwanderball 1

✦ *Lernziel:* Die Schüler sollen einen Ball führen, indem sie ihn sitzend neben sich her rollen oder prellen.

Die Mannschaften sitzen auf Langbänken. Der jeweils erste Spieler rollt einen Ball auf einer Seite der Bank zu seinem Hintermann. Wenn der Ball auf diese Weise beim Letzten in der Reihe angekommen ist, rollt dieser den Ball hinter seinem Rücken auf die andere Bankseite und von dort zu seinem Vordermann. Gewinner ist die Mannschaft, deren Spielball zuerst wieder beim Vordermann angekommen ist.

Schwierigkeitsgrad: einfach

Differenzierungsmöglichkeit: Eine leistungsstärkere Gruppe führt den Ball, indem sie ihn prellt.

Material:

– Bälle in Anzahl der Mannschaften

– Bänke in Anzahl der Mannschaften

Wettwanderball 2

✦ *Lernziel:* Die Schüler sollen einen Ball zu einem Ziel führen, indem sie ihn tragen, rollen, prellen oder mit einem Fuß oder einem Gegenstand führen.

Die Schüler zweier Mannschaften sitzen auf der Langbank hintereinander. Der jeweils erste Schüler startet mit einem Ball und transportiert ihn (entweder tragend oder rollend oder mit dem Fuß führend oder prellend oder hochwerfend und fangend) rund um die ganze Bank. Wenn er vorn wieder angelangt ist, gibt er der inzwischen aufgerutschten ersten Person diesen Ball, so daß diese starten kann. Er selbst läuft zu einem vorher vereinbarten Mal und setzt sich dort hin. Sieger ist die Mannschaft, die zuerst alle Spieler an ihrem Mal sitzen hat. Das Mal sollte außerhalb der Laufwege der Schüler liegen, um Kollisionen zu vermeiden.

Schwierigkeitsgrad: mittelschwer

Differenzierungsmöglichkeit: Die Transportaufgaben orientieren sich an der Leistungsfähigkeit der Schüler: In einem Durchgang trägt ein leistungsschwächerer Schüler einen Ball, während ein leistungsstarker Schüler den Ball zum Beispiel rückwärtslaufend dribbelt (auf den Boden prellt).

Material:

– Bälle in Anzahl der Mannschaften

– Bänke in Anzahl der Mannschaften

– eventuell Gegenstände zum Führen des Balles

– eventuell Material zur Markierung der Male

Stop and go

✦ *Lernziele:*

- Die Schüler sollen einen Ball führen, indem sie ihn tragen, rollen, prellen oder mit einem Fuß oder einem Gegenstand führen.
- Die Schüler sollen einen Ball stoppen.

Staffelform – Ein Schüler läuft mit geführtem Ball zu einem Mal, stoppt dort den Ball und läuft dann zum nächsten Mal. Er passiert mehrere vorgegebene Male und kehrt dann mit dem Ball direkt zu seiner Mannschaft zurück.

Schwierigkeitsgrad: Abhängig von der Bewegungsaufgabe, leicht bis schwer.

Differenzierungsmöglichkeit: Verschiedene Aufgabenstellungen für unterschiedlich leistungsstarke Schüler.

Material:

- Bälle in Anzahl der Mannschaften
- Material zur Markierung der Male
- Gegenstände zum Führen des Balles

Leg hin – Nimm weg

✦ *Lernziele:* Die Schüler sollen einen Ball ins Ziel bringen, indem sie ihn tragen.

Die Schüler sollen einen ruhenden Ball erobern.

Es werden zwei Mannschaften gebildet. Die Mannschaft der „Hinleger" umfaßt dabei mehr Mitglieder als die Mannschaft der „Wegnehmer". Für die Hinleger befindet sich an der Hallenlängsseite eine Reihe von kleinen Kästen, die in regelmäßigen Abständen umgedreht auf dem Boden stehen. Die Hinleger haben die Aufgabe, all ihre Bälle einzeln in diese Kisten zu legen. Die Mannschaft der Wegnehmer versucht, von der gegenüberliegenden Hallenlängsseite, diese Bälle aus den Kästen zu erobern und sie in ihren geöffneten großen Kasten zu legen. Gewonnen hat die Mannschaft, die in vorgegebener Zeit die meisten Bälle im Ziel hat.

Schwierigkeitsgrad: einfach bis mittelschwer

Differenzierungsmöglichkeit: Die Gruppenstärken wie auch die Laufwege können noch weiter variiert werden.

Material:

- mehrere Bälle
- kleine Kästen
- 1 geöffneter großer Kasten

Methodische Schritte zur Einführung des Spiels:

- Das Spiel kann auch als Staffelspiel eingeführt werden. Die Hinleger und Wegnehmer spielen dann jedoch in einer Mannschaft, die in zwei Teilstaffeln aufgeteilt ist. Die Startläufer der ersten Teilmannschaft laufen zu einem Kasten und legen den Ball darauf. Erst jetzt dürfen die Teilnehmer der „Wegnehm"-Staffel starten, um den Ball ihrer Mannschaft zu holen und ihn in einen umgedrehten Kasten bei ihrer Teilstaffel abzulegen. Gewonnen hat die Mannschaft, die innerhalb einer vorgegebenen Zeit die meisten Bälle auf diese Weise gesammelt hat.

✦ *Lernziele* dieses Spiels sind: Einen Ball erobern, bzw. einen Ball ins Ziel bringen. Die Art des Ballvortrages kann natürlich wieder individuell festgelegt werden.

Abb. 2: „Leg hin – Nimm weg"

Ball vor – Spiel ohne Grenzen

✦ *Lernziele:*

- Die Schüler sollen einen Ball zu einem Ziel vortragen.
- Sie sollen einen Gegenspieler beim Ballvortrag stören, indem sie auf ihn mit Softbällen zielen.

(Weitere Lernziele sind wahrscheinlich. Sie hängen von der Wahl der Spielstationen ab.)

Zwei Schüler treten zu einem Wettlauf auf einem Parcours mit 4 (...) Spielstationen an. Bei Station 1 sollen sie einen Ball über eine Schnur werfen, diese unterqueren und den Ball auf der anderen Seite wieder auffangen (bzw. aufnehmen). Station 2 erfordert das Treffen des Balles in einen Korbballständer. Ist ihnen dies geglückt, sollen sie bei Station 3 eine Kegelbahn mit Hindernissen benutzen, um einen Kegel umzurollen. Die Station 4 besteht aus zwei Kegelwächtern, die einen auf einem Kasten stehenden Kegel bewachen. Die Läufer sollen ab einer individuellen Abwurfmarkierung den Kegel anzielen. Um die Sache noch weiter zu erschweren, werden die Läufer, wie auch ihre Spielbälle die ganze Zeit zum Wurfziel für die übrigen Schüler, die sich an den beiden Rändern des Parcours aufhalten. Die Aufgaben an den Stationen müssen erst richtig erfüllt sein, bevor die Schüler zur nächsten Station rennen. Sie haben allerdings wegen der Störung der Mitspieler unbegrenzt viele Versuche pro Station. Die Werfer dürfen sich die geworfenen Bälle immer wieder zurückholen. Aber sie dürfen die Läufer nicht dabei behindern.

Schwierigkeitsgrad: einfach bis schwer (abhängig von den Einzelaufgaben an den Stationen)

Differenzierungsmöglichkeit: Änderung der Aufgaben an den Stationen

Material:
- 2 Spielbälle
- mehrere Softbälle
- 2 Ständer
- 1 Gummischnur
- 1 Korbballständer
- 4 Langbänke
- Material als Hindernis auf der Kegelbahn
- 4 Kegel
- 2 große Kästen
- Material zur Spielfeldmarkierung

Brückenwächter

✦ *Lernziel:* Die Schüler sollen einen Ball gegen Störung vorbringen, indem sie ihn tragen, rollen, prellen oder mit einem Fuß oder einem Gegenstand führen.

Eine Gruppe von Schülern (Brückenwächter) befindet sich in einer schmalen, markierten Zone (Brücke), die die Turnhalle in zwei Teile trennt. Sie dürfen diese Zone nicht verlassen. Die anderen Schüler versuchen, diese Zone zu durchqueren und unter der zuvor vereinbarten „Ball-vor-Technik" die andere Spielhälfte zu erreichen. Die Brückenwächter versuchen, den Läufern den Ball mit den zuvor vereinbarten Mitteln (z.B. Ball aus der Hand spielen, Läufer berühren...) abzunehmen.

Material:
- Spielbälle
- Material zur Markierung der Zone
- Gegenstände zum Führen des Balles

Variationsmöglichkeit: Ein Brückenwächter versucht, alle gleichzeitig den Ball vortragenden Schüler zu stören, die in einen zuvor festgelegten Torschußbereich gelangen wollen. Nur aus diesem Bereich dürfen sie versuchen, auf ein Ziel zu spielen. Die Art des Spielens auf das Ziel wird zuvor festgelegt. Gezählt werden nur die Zieltreffer. Wer einen Ball im Störbereich des Brückenwächters verliert, scheidet aus.

Schwierigkeitsgrad: mittelschwer bis schwer (je nach Aufgabenstellung)

Differenzierungsmöglichkeiten: Der „Brückenraum" wird auf einer Seite schmal gehalten, um leistungsschwächeren Schülern eine bessere Durchquerungschance zu geben. Leistungsstärkeren Schülern können jedoch auch Zusatzaufgaben gestellt werden, wie zum Beispiel, daß der Ball während der Durchquerung in einen von mehreren auf dem Boden liegenden Reifen geprellt werden muß, daß sie den „Brückenraum" rückwärts durchqueren sollen, daß sie einen besonders breiten Raum durchqueren müssen, daß am Spielfeldrand stehende Zusatzwächter sie auch mit Softbällen abwerfen dürfen, wenn sie den Raum durchqueren wollen (...) .

zusätzliches Material: Reifen

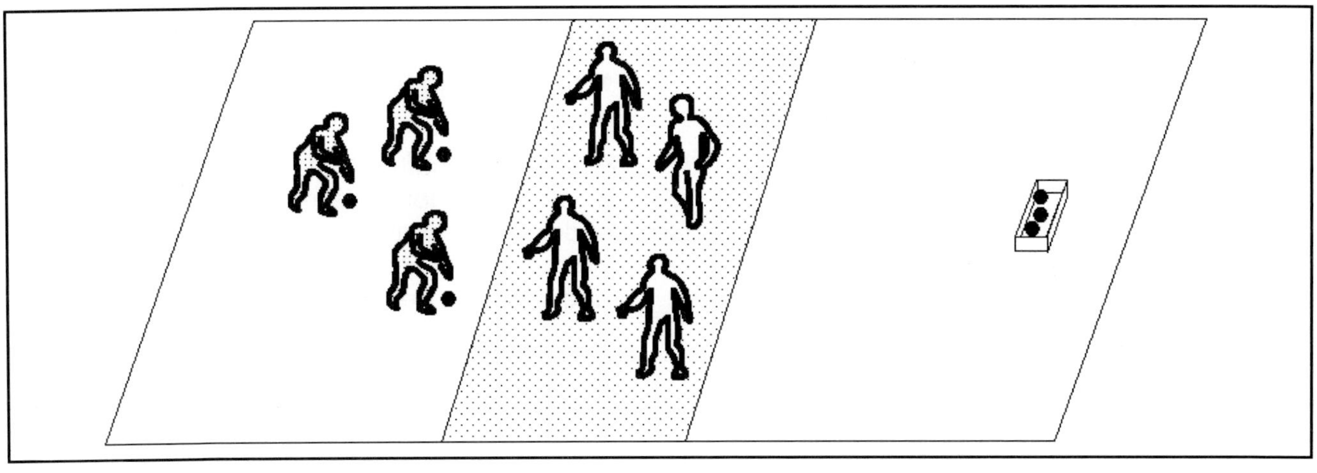

Abb. 3: „Brückenwächter"

Wer hat Angst vor dem Ballungeheuer? (anstatt 'Schwarzer Mann')

✦ *Lernziel:* Die Schüler sollen einen Ball gegen Störung zu einem Ziel führen, indem sie ihn tragen, rollen, prellen, mit dem Fuß führen, mit einem Gegenstand führen.

Dieses altbekannte Spiel wird mit den verschiedensten Ballführungsaufgaben für die Schüler gespielt.

Schwierigkeitsgrad: je nach Aufgabenstellung einfach bis schwierig

Differenzierungsmöglichkeit: verschiedene Aufgabenstellungen für die Schüler

Material: Gegenstände zur Führung des Balles

Rund-um-die-Inseln-Ball

✦ *Lernziele:*

- Die Schüler sollen einen Ball gegen Störung zu einem Ziel führen.
- Die Schüler sollen einen Ball zielgerichtet auf einen sich bewegenden Gegenspieler werfen.

Um den Spielleiter herum sind Matten (= Hütten auf einer Insel) angeordnet, auf denen sich die teilnehmenden Mannschaften befinden. Jeder Spieler hat einen Ball. Der Spielleiter dreht sich schnell im Kreis herum und deutet plötzlich auf eine Mannschaft. Die Spieler dieser Mannschaft müssen dann in der zuvor festgelegten Art ihre Bälle einmal rund um die Insel (d.h., um alle Matten herum) führen. Sie werden allerdings durch die anderen Mannschaften gestört, die versuchen, diese Spieler oder sogar deren Ball zu treffen. Gewonnen hat die Mannschaft, der es trotz dieser Störungsversuche gelungen ist, in der schnellsten Zeit zurück zu ihrer Matte zu kommen. Auch die Abtreffart kann durch den Lehrer festgelegt werden. Die abtreffenden Schüler haben jedoch immer nur einen Versuch und dürfen ihre Matten nicht verlassen.

Schwierigkeitsgrad: einfach bis mittelschwer

Differenzierungsmöglichkeit: Die Art des Ballführens richtet sich nach der Leistungsfähigkeit der einzelnen Schüler.

Material:

- Bälle in Anzahl der Schüler
- Matten in Anzahl der Mannschaften

GRUPPE 3:

Spiele mit den hauptsächlichen Spielinhalten Werfen, Treffen, Fangen, Abwehren und Ausweichen

✦ Mögliche *Lernziele* sind:

- Weit- und Zielrichtungsrollen eines Balles
- Abgeben eines Balles, indem die Schüler ihn in Zielrichtung rollen, werfen, schießen, mit der Hand schlagen, mit einem Gegenstand schlagen
- Zielgerichtetes und dosiertes Abgeben eines Balles auf ruhende Ziele
- Zielgerichtetes Abgeben eines Balles auf bewegte Ziele
- Hochwerfen und Fangen eines Balles in der Bewegung
- Zielgerichtetes Abgeben eines Balles an einen stehenden Spielpartner, indem der Schüler ihn übergibt bzw. wirft (bzw. Annehmen des Balles)
- Zielgerichtetes Abgeben eines Balles an einen sich bewegenden Spielpartner, indem der Schüler ihn übergibt bzw. wirft (bzw. Annehmen des Balles)
- Zielgerichtetes Abgeben eines Balles gegen Störung an einen stehenden Spielpartner (bzw. Annehmen des Balles)
- Zielgerichtetes Abgeben eines Balles gegen Störung an einen sich bewegenden Spielpartner (bzw. Annehmen des Balles)
- Dem Anspielpartner helfen, indem sie einen Paßweg (beim Rollen, Werfen oder Schießen) gegen die Störung der Gegenspieler suchen
- Das Zusammenspiel des Gegners stören
- Ausweichen vor einem gespielten Ball
- Abwehren eines gespielten Balles

Weitrollball

✦ *Lernziel:* Die Schüler sollen einen Ball weitrollen.

Zwei Mannschaften treffen sich an der Mittellinie auf einem großen Spielfeld (Sportplatz). Ein Spieler der Mannschaft 1 versucht, einen Ball so weit wie möglich in Richtung der Grenzlinie (Markierungslinien an den Kopfseiten) von Mannschaft 2 zu rollen. Danach rollt ein Spieler der Mannschaft 2 von dieser Markierung den Ball zurück in Richtung der Grenzlinie von Mannschaft 1. Gewonnen hat die Mannschaft, die bei gleichen Rollversuchen, den Ball über die Grenzlinie der gegnerischen Mannschaft gerollt hat.

Schwierigkeitsgrad: einfach
Material: 1 Spielball
(siehe Abb. 4)

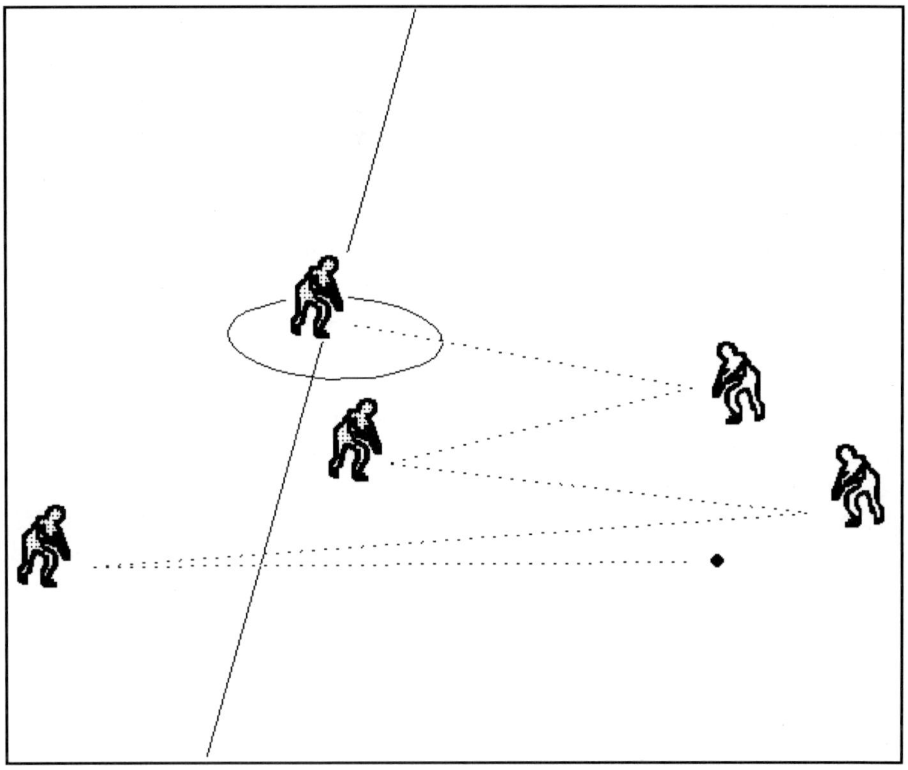

Abb. 4: „Weitrollball“

Boßeln

✦ *Lernziel:* Die Schüler sollen einen Ball weit und zielgerichtet rollen.

Bei diesem im Norden Deutschlands besonders beliebten Volkssport geht es darum, einen Ball soweit wie möglich über eine Straße zu „kegeln“. Dort, wo der Ball die Straße verläßt, ist der Endpunkt der mit diesem Wurf geboßelten Strecke. Ein Werfer der anderen Mannschaft versucht nun, diese Marke zu überbieten. Ab den jeweils erreichten Zielmarken beginnen die nächsten Teammitglieder zu boßeln. Die Mannschaft, die auf diese Weise ein zuvor festgelegtes Ziel erreicht hat, ist Sieger. Dabei werden oft viele Kilometer zurückgelegt. Für unsere Verhältnisse genügen abseitsliegende und asphaltierte Wirtschaftswege. Es ist ein ideales Spiel für einen Wandertag.

Schwierigkeitsgrad: einfach

Material: 2 Spielbälle

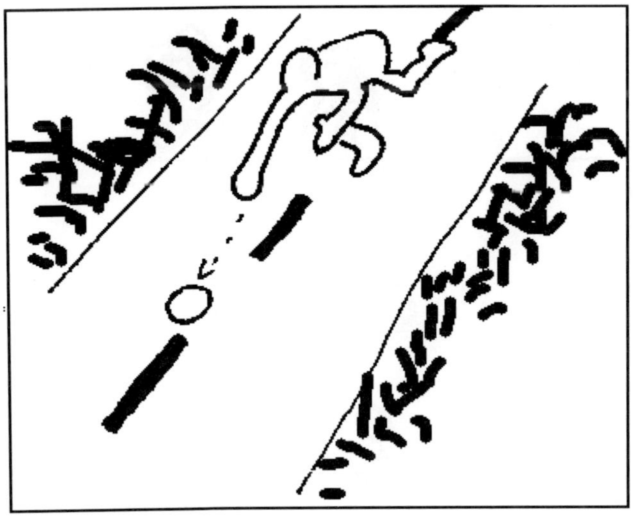

Abb. 5: Boßeln

Golfball

✦ *Lernziel:* Die Schüler sollen einen Ball abgeben, indem sie ihn in Zielrichtung rollen, werfen, schießen, mit der Hand oder mit einem Gegenstand schlagen.

Auf einer großen Freifläche wird mit einer Fahne ein Zielpunkt markiert, den es durch mehrfaches Abgeben des Balles (siehe Lernziele) zu erreichen und letztlich zu treffen gilt. Gewonnen hat der Spieler mit den wenigsten Versuchen.

Schwierigkeitsgrad: einfach (abhängig vom Lernziel)

Differenzierungsmöglichkeit: Der Start liegt je nach Leistungsvermögen von leistungshomogenen Gruppen (Zusammenzählen der Gesamtversuche) unterschiedlich weit vom Ziel entfernt. Außerdem kann für leistungsstärkere Schüler ein Parcours mit einigen Geländeschwierigkeiten ausgewählt werden. Schließlich können bei heterogenen Gruppen unterschiedlich schwierige Ballabgabetechniken verlangt werden.

Material:

- Spielbälle in Anzahl der Schüler
- Zielfahnen
- evtl. Gegenstände zum Schlagen des Balles

Krocketball

✦ *Lernziel:* Die Schüler sollen einen Ball zielgerichtet auf ruhende Ziele abgeben, indem sie ihn rollen, werfen, schießen, mit der Hand oder mit einem Gegenstand schlagen.

Die Schüler versuchen genau wie beim richtigen Krocketspiel, eine Endmarke mit einem Ball zu erreichen. Der Weg dorthin ist jedoch – im Gegensatz zum Golfspiel – nicht frei wählbar, sondern führt zunächst durch eine bestimmte Anzahl, auch in ihrer Reihenfolge vorgegebener Tore. Diese Tore müssen sich nicht unbedingt nur am Boden befinden. Genausogut können die Bälle durch von der Decke herabhängende Reifen gespielt werden. Auf diese Weise wird zum Beispiel das Schlagen mit einem Tennis-, Federball, Tischtennis-, Speckbrett- und anderen Schlägern möglich.

Schwierigkeitsgrad: von der Lehrkraft leicht beeinflußbar, daher von einfach bis schwer

Differenzierungsmöglichkeit: Einerseits können Bahnen mit verschiedenen Schwierigkeitsgraden (unterschiedliche Tore) angelegt werden. Andererseits können die Bahnen auch verschieden lang sein. Beim Spielen mit Hockeyschlägern in der Turnhalle können leistungsschwächeren Schülern sowohl andere Schläger, als auch andere Bälle zugestanden werden. Eine große Schwierigkeit besteht nämlich für viele Schüler darin, sich seitwärts zum Ball zu stellen und dann den Ball zu spielen. Viel lieber schieben sie einen Ball direkt in Blickrichtung nach vorne. Dafür sind jedoch die Hockeyschläger nicht konzipiert worden. Die Lehrkräfte können Abhilfe schaffen, indem sie diesen Schülern einen Schrubber geben, mit dem sie einen Ball wesentlich einfacher nach vorne spielen können. Auch ein größerer Ball vermittelt schnellere Erfolgserlebnisse. Letztlich bleibt noch die Möglichkeit leistungsdifferenzierter Aufgabenstellung über unterschiedliche Ballabgabetechniken.

Material:

- Spielbälle in Anzahl der Schüler
- Material zur Herstellung der Tore
- evtl. Schläger
- Zielfahnen

Boccia

✦ *Lernziel:* Die Schüler sollen einen Ball zielgerichtet und dosiert auf ruhende Ziele abgeben, indem sie ihn rollen, werfen, schießen, mit der Hand oder mit einem Gegenstand schlagen.

Wie bei den Spielen Golfball und Krocketball gilt es, eine Zielmarke in der vorgegebenen Art des Ballabgebens zu erreichen. Anders ist diesmal, daß sie nur einen Wurf, Schuß (...) zur Verfügung haben, da das Ziel viel näher ist. Gewonnen hat die Person/Mannschaft, deren Ball sich am nächsten zum Ziel befindet. Man sollte sich allerdings nicht zu früh freuen, denn die Gegner dürfen einen nah am Ziel liegenden Ball mit ihrem Ball auch wegstoßen.

Schwierigkeitsgrad: abhängig von der Aufgabenstellung, daher einfach bis schwer

Differenzierungsmöglichkeiten: Den Schülern können unterschiedliche Aufgabenstellungen gegeben werden. Während eine Gruppe den Ball beidhändig rollen darf, soll eine andere ihren Ball zunächst in die Luft (eventuell über ein gespanntes Seil) werfen, bevor er zum Ziel rollt und eine letzte Gruppe soll ihn zum Ziel schießen.

Material:

- Spielbälle in Anzahl der Schüler
- evtl. Schläger
- Zielfahnen

Balltreiben

✦ *Lernziel:* Die Schüler sollen einen Ball zielgerichtet auf ein ruhendes bzw. bewegtes Ziel abgeben, indem sie ihn rollen, werfen, schießen, mit der Hand oder mit einem Gegenstand schlagen.

Abb. 6: „Balltreiben“

Zwei Mannschaften stehen sich auf Grundlinien gegenüber. Sie sind jeweils in Besitz von vielen (durchaus verschiedenen) Bällen, mit denen sie versuchen sollen, einen besonders markierten Ball, der in der Spielfeldmitte zwischen den beiden Mannschaften liegt, so zu treffen, daß er bis zur Grundlinie der gegnerischen Mannschaft rollt.

Schwierigkeitsgrad: abhängig von der Größe des zu treibenden Balles (vom Gymnastikball bis Globusball), einfach bis schwierig

Differenzierungsmöglichkeit: Verschiedene Aufgabenstellung, während einige Schüler rollen (mit schwereren Bällen), schießen die anderen Schüler.

Material:

- viele verschiedene Bälle
- 1 großer Ball, der sich deutlich von den anderen unterscheidet
- evtl. Schläger

Treffball

✦ *Lernziel:* Die Schüler sollen einen Ball zielgerichtet auf ruhende Ziele abgeben, indem sie ihn rollen, werfen, schießen, mit der Hand oder mit einem Gegenstand schlagen.

Zwei Mannschaften stehen sich auf Grundlinien gegenüber. In der Mitte zwischen ihnen steht eine Bank mit Objekten, die es zu treffen gilt. Jede Mannschaft hat dabei eigene Objekte auf der Bank stehen, die die gegnerische Mannschaft zu treffen versucht. Gewonnen hat die Mannschaft, der es als erstes gelingt, alle Objekte der gegnerischen Mannschaft von der Bank herunterzutreffen.

Schwierigkeitsgrad: einfach

Differenzierungsmöglichkeiten: Einerseits können die Mannschaften leistungshomogen gebildet werden. Dann ist es möglich, die zu treffenden Objekte besonders groß bzw. klein auszuwählen. Außerdem kann die Abwurf(schuß...)linie näher oder weiter zu/von den Objekten gelegt werden. Bei leistungsheterogenen Gruppen kann die Abwurflinie (eventuell gekennzeichnet durch eine gespannte Zauberschnur) schräg verlaufen, damit leistungsschwächere Schüler näher an den zu treffenden Objekten stehen. Schülern, die den Ball schießen, sollen nur leichte Bälle zugestanden werden, damit die gegenüberstehenden Spieler nicht verletzt werden.

Material:

- verschiedene Bälle
- verschiedene Gegenstände als Ziele
- evtl. Schläger

Kastentreffball

✦ *Lernziel:* Die Schüler sollen (aus der Bewegung) einen Ball zielgerichtet abgeben, indem sie ihn in einen Kasten werfen.

Von einem großen Kasten wird das Oberteil entfernt. Zwei Mannschaften stehen in Reihen in zuvor festgelegtem Abstand zum längs in Wurfrichtung ausgerichteten Kasten. Die Mannschaften haben markierte Bälle, die in den Kasten geworfen werden sollen. Es wirft in schneller Folge jeweils immer nur ein Schüler aus jeder Mannschaft. Gewonnen hat die Mannschaft, die zum Schluß (Zeitbegrenzung) die meisten Bälle im Kasten hat. Bei Bedarf können zur besseren Schülerauslastung natürlich auch mehrere Kästen aufgestellt werden.

Schwierigkeitsgrad: einfach bis mittelschwer

Differenzierungsmöglichkeiten: Leistungsschwächeren Schülern wird eine nähere und/oder höhere Abwurfposition zugestanden. Eine andere Möglichkeit ergibt sich durch eine Aufgabenerschwerung für die leistungsstärkeren Schüler:

Sie laufen bis zur Abwurflinie und werfen den Ball während des Laufens in dem Augenblick, an dem sie die Abwurflinie passieren (nach dem Wurf weiter bis zum Ende ihrer Reihe laufen).

Sie werfen aus dem sich einem Lauf anschließenden Sprung über ein Hindernis (Schaumstoffstein), das die Abwurfmarkierung darstellt (danach weiterlaufen).

Material:

- verschiedene Bälle
- ein großer Kasten ohne Abdeckung
- evtl. Hindernis (Schaumstoffstein)

Plumpsball

✦ *Lernziel:* Die Schüler sollen einen Ball dosiert und zielgerichtet abgeben, indem sie ihn werfen, schießen, mit der Hand oder mit einem Gegenstand schlagen.

Zwei Mannschaften stehen Rücken an Rücken an der Mittellinie. Sie schauen jeweils zu ihrem Zielraum. Diese liegen an den Kopfseiten der Halle. Im Abstand von ca. zwei Metern von den Wänden stehen Langbänke. Der Raum zwischen der Wand und der Bank ist der Zielraum. Die Mannschaften versuchen, den Ball so dosiert in diesen Raum zu werfen, daß er darin liegenbleibt und nicht wieder hinausspringt. Gewonnen hat die Mannschaft mit den meisten Bällen in ihrem Zielraum.

Schwierigkeitsgrad: einfach bis mittelschwer

Differenzierungsmöglichkeiten: Leistungsschwächere Schüler haben eigene Abwurflinien, die näher am Zielraum liegen. Außerdem können sie Bälle benutzen, die nicht so gut springen. Eine weitere Differenzierungsmöglichkeit liegt in einer unterschiedlichen Aufgabenstellung (Werfen gegen Schießen, ...).

Material:

- verschiedene Bälle
- Langbänke zur Abgrenzung des Zielraumes
- evtl. Schläger

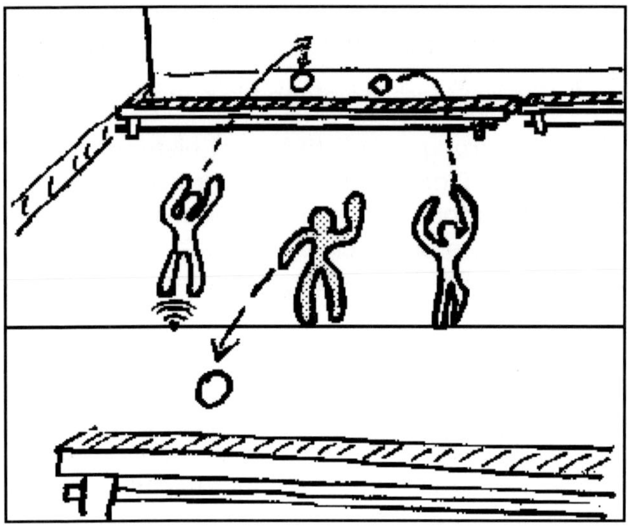

Abb. 7: „Plumpsball"

Namenszielwerfen

✦ *Lernziel:* Die Schüler sollen einen Ball zielgerichtet auf ein ruhendes Ziel abgeben, indem sie ihn werfen, schießen, mit der Hand oder mit einem Gegenstand schlagen.

Auf einer Wäscheleine oder an einer Wand sind Buchstaben, Worte oder Bilder aufgehängt. Diese gilt es zu treffen. Eine mögliche Aufgabenstellung: Die Schüler sollen die Buchstaben von vorgegebenen (gleichlangen) Namen der Klassenmitglieder treffen. Wer hat seine Buchstaben zuerst in der richtigen Reihenfolge getroffen und diese dann auch richtig auf einen vorgesehenen Platz gelegt. Eine Differenzierungsmöglichkeit für Nicht-Leser ist das Treffen von Bildern in einer richtigen Reihenfolge.

Schwierigkeitsgrad: einfach

Differenzierungsmöglichkeit: unterschiedliche Distanzen zu den Zielen

Material:

- Zettel mit Buchstaben, Worten oder Bildern
- 1 Leine (evtl. mit Ständern)
- evtl. Schläger

Wildwechsel

✦ *Lernziel:* Die Schüler sollen einen Ball zielgerichtet auf ein bewegtes Ziel abgeben, indem sie ihn rollen, werfen, schießen, mit der Hand oder mit einem Gegenstand schlagen.

Die Spieler einer Mannschaft stehen hinter einer Abwurfmarkierung vor der sich eine Gasse befindet. Durch diese Gasse laufen die Spieler der anderen Mannschaft (einzeln) und müssen von der Werfermannschaft getroffen werden. Variationsmöglichkeiten sind das Geben von Versteckmöglichkeiten für die Läufer durch Kästen. Das sich bewegende Ziel kann aber auch ein gerollter Ball oder Reifen sein.

Schwierigkeitsgrad: mittelschwer

Differenzierungsmöglichkeit: Die Abwurfmarkierung wird schräg angelegt, damit die Distanz für leistungsschwächere Schüler geringer wird. Außerdem ist auch eine unterschiedliche Aufgabenstellung für das Abgeben des Balles möglich.

Material:

- mehrere Bälle
- Material zur Markierung
- evtl. große Kästen
- evtl. Reifen
- evtl. Schläger

Abb. 8: „Wildwechsel"

Neckball

✦ *Lernziele:*

- Die Schüler sollen einen Ball zielgerichtet auf ein bewegtes Ziel abgeben, indem sie ihn rollen, werfen, schießen, mit der Hand oder mit einem Gegenstand schlagen.
- Sie sollen einem gezielt gespielten Ball ausweichen.

Ein zu treffender Schüler steht in der Mitte eines Innenstirnkreises und weicht dem gespielten Softball (eventuell mehreren Bällen) aus.

Schwierigkeitsgrad: für die Werfer einfach, für die Ausweichenden mittelschwer bis schwierig

Material:

- ein oder mehrere Softbälle
- evtl. Schläger

Schatzball

✦ *Lernziele:*

- Die Schüler sollen einen Ball zielgerichtet abgeben, indem sie ihn rollen, werfen, schießen, mit der Hand oder mit einem Gegenstand schlagen.
- Sie sollen einem gezielt gespielten Ball ausweichen.
- Sie sollen einen ruhenden Gegenstand gegen Störung erobern.

Ein oder mehrere zu treffende(r) Schüler versuchen(t) einen Gegenstand zu erobern, der in der Nähe der Werfermannschaft liegt, die hinter einer Abwurfmarkierung wartet. Die Eroberer können sich auf dem Weg zum Gegenstand hinter verschieden großen Kästen verstecken. (Bei der Durchführung als Mannschaftsspiel gibt es eine Zeitvorgabe, in der ein oder mehrere Gegenstände zu erobern sind.)

Schwierigkeitsgrad: mittelschwer

Differenzierungsmöglichkeit: Leistungsstärkeren Schülern darf durchaus auch schon eine Ablenkstrategie abverlangt werden, indem ein Schatzräuber die Aufmerksamkeit der Werfer auf sich zieht, um vom wirklichen zuvor abgesprochenen Dieb abzulenken.

Material:

- mehrere Softbälle
- Bänke als Abwurfmarkierung
- 1 Schatz
- große und kleine Kästen als Versteckmöglichkeit
- evtl. Schläger

Schwarz-Weiß mit Abwerfen

✦ *Lernziel:* Die Schüler sollen einen Ball zielgerichtet auf sich bewegende Ziele werfen.

Zwei Mannschaften sitzen, stehen oder liegen sich mit ca. 2 bis 3 Meter Abstand in der Hallenmitte gegenüber. Eine Mannschaft heißt „Weiß", die andere „Schwarz" (oder anders). Zwischen ihnen liegen Bälle. Die Lehrkraft ruft den Namen der Mannschaft, die werfen sollen. Die andere Mannschaft versucht, ihre Hallenwand zu erreichen, ohne von den Werfern getroffen zu werden. Die Werfer dürfen den Weglaufenden nicht nachlaufen.

Schwierigkeitsgrad: mittelschwer

Differenzierungsmöglichkeit: Schüler, die nur langsam aufstehen und sich nur langsam fortbewegen können, stehen schon von Beginn an.

Material:

- mehrere Bälle
- eventuell Bänder zur Markierung der Mannschaftszugehörigkeit

Ritterball

✦ *Lernziel:* Die Schüler sollen einen Ball zielgerichtet auf sich bewegende Ziele werfen.

Zwei oder mehrere wettstreitende Mannschaften nehmen an einem Ritterturnier teil. Ihre drei Aufgaben sind, einen Ball durch einen rollenden, dann durch einen mit Hand bewegten und schließlich einen schwingenden Reifen zu werfen.

Schwierigkeitsgrad: mittelschwer

Differenzierungsmöglichkeit: Anpassen der Wurfdistanz an die Leistungsfähigkeit der Schüler.

Material:

- mehrere Bälle
- mehrere Reifen
- Seile zur Reifenbefestigung unter der Decke

Drunter-und-drüber-Ball

✦ *Lernziel:* Die Schüler sollen einen Ball dosiert und zielgerichtet über eine Schnur werfen und ihn auf der anderen Seite wieder auffangen.

Dieses Spiel wird in Staffelform ausgetragen. Es werden mehrere Schnüre quer zur Laufrichtung gespannt. Während des Laufens zu einem Wendemal überwirft der Schüler die Schnur, unterquert sie und fängt den Ball auf der anderen Seite wieder auf.

Schwierigkeitsgrad: mittelschwer bis schwer

Differenzierungsmöglichkeit: Leistungsschwächere Schüler dürfen den Ball erst aufprellen lassen, bevor sie ihn fangen. Die Schnüre können auch schräg gespannt werden, um damit die Wurfhöhe an die Leistungsfähigkeit der Schüler anzupassen.

Material:

- Bälle in Anzahl der Mannschaften
- Ständer
- Gummischnüre, Markierungsband (aus dem Baumarkt)...
- Fahnen in Anzahl der Mannschaften als Wendemale

Übergabeball

✦ *Lernziele:*

- Die Schüler sollen einen Ball zielgerichtet an einen stehenden Spielpartner abgeben, indem sie ihn übergeben oder werfen.
- Die Schüler sollen einen übergebenen oder geworfenen Ball annehmen.

Zwei Spielpartner gehen jeweils an der Längsseite einer Langbank auf ein gemeinsames Ziel zu. An bestimmten Markierungspunkten übergeben sie sich den Ball (hin und zurück), bzw. werfen sie ihn sich zu (hin und zurück). Gezählt werden die gelungenen Pässe innerhalb eines vorgegebenen Zeitraumes, in dem die Schüler immer wieder zum Startpunkt zurückkehren. Wurfdistanzerweiterung durch zwei Langbänke, die im Winkel gestellt sind und bei Annäherung zum Ziel immer weiter auseinanderlaufen.

Schwierigkeitsgrad: mittelschwer

Differenzierungsmöglichkeit: Leistungsschwächere Schüler dürfen nach einem mißglückten Paßversuch sofort wieder an den Start zurückkehren und erhalten so schnell wieder Leistungsanforderungen, die sie erfüllen können, um so Punkte sammeln zu können. Die anderen Spieler müssen den Parcours ganz durchlaufen. Leistungsstärkeren Schülern kann die Aufgabe eines Prellpasses, bei dem der Ball zuerst in einen auf dem Boden liegenden Reifen treffen muß, gestellt werden.

Material:

- pro Paar ein Ball
- 2 bis 4 Langbänke
- Kreppband zur Markierung

Übergabe-Wettwanderballspiele

✦ *Lernziele:*

- Die Schüler sollen einen Ball zielgerichtet an einen stehenden Spielpartner abgeben, indem sie ihn übergeben oder werfen (a. bis e.).
- Die Schüler sollen einen Ball gegen Störung zielgerichtet an einen stehenden Spielpartner abgeben, indem sie ihn übergeben oder werfen (f.).
- Die Schüler sollen einen übergebenen oder geworfenen Ball annehmen.

a) ...hintereinander im Grätschsitz sitzen und über den Kopf (nach vorne oder nach hinten oder seitwärts durch Drehung weitergeben)

b) ...dto. jedoch stehend

c) ...hintereinander im Grätschstand stehend, durch die Beine nach vorne oder nach hinten weitergeben

d) ... in zwei Innenstirnkreisen wandert ein Ball in der Runde. Die Schüler stehen in Reifen, die sie nicht verlassen dürfen. Welche Mannschaft hat ihren Ball als erste einmal (zweimal, ...) im Kreis wandern lassen. Nach jedem Spiel wird der Abstand zwischen den Reifen erweitert.

e) ...im Innenstirn- oder Außenstirnkreis sitzend oder stehend, 2 verschiedenfarbige Bälle werden in einer Richtung im Kreis herumgegeben. Ein Ball versucht den anderen einzuholen.

f) ...Schüler stehen im Innenstirnkreis. Der Ball wird hin- und hergeworfen. Ein Schüler ist in der Kreismitte und versucht, denjenigen zu berühren, der gerade in Ballbesitz ist.

Schwierigkeitsgrad: einfach bis mittelschwer

Material:

- verschiedene Bälle
- eventuell Reifen

Hände-auf-Rücken-Ball

✦ *Lernziele:*

- Die Schüler sollen einen übergebenen oder geworfenen Ball annehmen.
- Die Schüler sollen einen Ball dosiert und zielgerichtet an einen stehenden Spielpartner abgeben, indem sie ihn übergeben oder werfen.

Schüler stehen in einem Innenstirnhalbkreis und halten ihre Hände auf dem Rücken. Vor ihnen steht ein Werfer, der ihnen einen Ball schnell übergibt bzw. gut fangbar zuwirft. Wer kann den Ball trotzdem sicher fangen? Zwei Mannschaften spielen gegeneinander. Wird ein Ball nicht gefangen, scheidet dieser Fänger aus (setzt sich hin). Welche Mannschaft behält die meisten Fänger. Bei zunehmender Zeit wird die Wurfdistanz erhöht und/oder der Ball mit einem Aufsetzer zugespielt.

Schwierigkeitsgrad: einfach bis mittelschwer

Differenzierungsmöglichkeit: Die Schüler bilden anstatt eines Kreises eine eher ovale Form, wobei die leistungsstärkeren Schüler eine vom Werfer weiter entfernte Position haben.

Material:

- verschiedene Bälle
- Kreppband zur Markierung als Orientierungshilfe für die Standpositionen der Fänger

Schaukelball

✦ *Lernziel:* Die Schüler sollen einen gespielten Ball fangen oder ihn abwehren oder ihm ausweichen.

Ein Ball hängt in einem Ballnetz aufgehängt von den Schaukelringen herab (ca. 1 Meter über dem Boden). Um ihn herum liegen in Kreisform mehrere Reifen, in denen die Schüler stehen und die sie nicht verlassen dürfen. Sie versuchen, den hängenden Ball hin- und herpendeln zu lassen oder ihn in eine Kreisbahn zu bringen. Der Ball darf je nach Aufgabenstellung entweder gefangen oder mit den Händen weitergeschlagen werden. Wenn der Ball etwas höher gehängt wird, kann man auch das Ausweichen durch Ducken üben.

Schwierigkeitsgrad: einfach bis mittelschwer

Material: Schleuderball an einem Seil hängend, oder kleiner Medizinball in einem Netz hängend

Kegeln

✦ *Lernziel:* Die Schüler sollen einen Ball zielgerichtet abgeben, indem sie ihn rollen oder schießen.

Das Spiel unterscheidet sich vom normalen Kegeln nur durch die verschiedenen Aufbaumöglichkeiten der Kegelbahnen und den damit verbundenen Kegelaufgaben, die gleichzeitig die Differenzierungsmöglichkeiten aufzeigen:

1. eine normale Kegelbahn
2. eine Kegelbahn, die von zwei seitlich umgelegten Sitzbänken eingefaßt ist. Sie verjüngt sich zum Bahnende und ermöglicht auch leistungsschwächeren Schülern schnelle Erfolgserlebnisse.
3. eine Kegelbahn, die von zwei seitlich umgelegten Sitzbänken eingefaßt ist, die sich jedoch nicht zum Bahnende verjüngt. Auf der Bahn steht ein Hindernis (oder auch mehrere), das durch geschicktes Bandenspiel umspielt werden muß, bevor die Kegel getroffen werden können.
4. eine Kegelbahn, die aus einer oder zwei nebeneinanderstehenden Bänken besteht und auf der am Ende ein zu treffender Kegel steht.

Schwierigkeitsgrad: je nach Aufgabenstellung einfach bis schwer

Differenzierungsmöglichkeit: Neben den oben genannten Möglichkeiten bieten sich immer noch Distanzverkürzungen bzw. -erweiterungen an.

Material:

- verschiedene Bälle
- Kegel o.ä.
- Langbänke
- Material, das als Hindernis geeignet ist

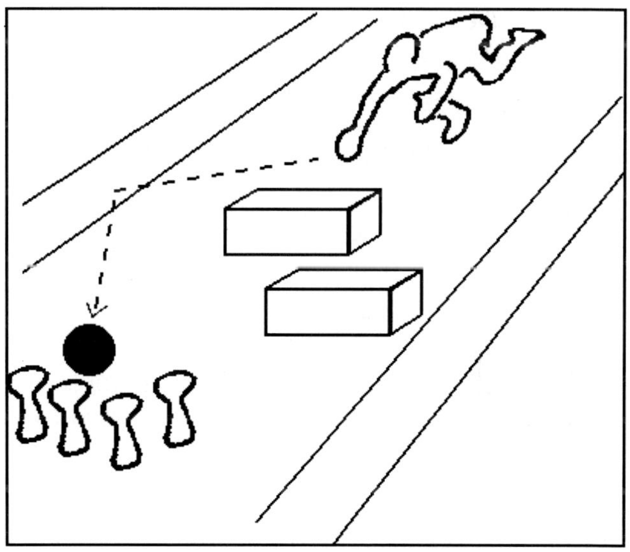

Abb. 9: „Kegeln“

Henne und Habicht

✦ *Lernziele:*

- Die Schüler sollen einen Ball zielgerichtet auf bewegte Ziele abgeben, indem sie ihn rollen, werfen, schießen, mit der Hand oder einem Gegenstand schlagen (Habichte).
- Sie sollen einen zielgerichtet gespielten Ball abwehren (Henne).
- Sie sollen einem zielgerichtet gespielten Ball ausweichen (Küken).

Eine Henne beschützt ihre Küken vor Ballwürfen der Habichte. Die Henne und die Küken befinden sich in einem Spielfeld, das von den Habichten, die von 2 oder von 4 Seiten werfen dürfen, nicht betreten werden darf. Nur die Henne (oder Hennen) darf die gezielten Bälle der Habichte abwehren. Die Küken dürfen allerdings ausweichen.

Schwierigkeitsgrad: Für die Küken und Habichte einfach, für die Henne mittelschwer bis schwierig

Material:

- 1 Softball
- Bänke als Abwurfmarkierung
- evtl. Schläger

Garde der Prinzessin

✦ *Lernziele:*

- Die Schüler sollen einen Ball zielgerichtet auf sich bewegende Ziele abgeben, indem sie ihn rollen, werfen, schießen, mit der Hand oder einem Gegenstand schlagen (Räuber).
- Die Schüler sollen zielgerichtet gespielte Bälle abwehren (Garde).
- Die Schüler sollen zielgerichtet gespielten Bällen ausweichen (Prinzessin).

Die Spielidee ist die gleiche, wie in dem Spiel „Henne und Habicht". Hier versucht eine Garde von zwei Schülern, die Prinzessin mit einem kleinen Bettlaken (o.ä.) vor den Ballwürfen der Räuber zu beschützen. Natürlich soll die Prinzessin den Bällen -wenn nötig- auch selbst ausweichen. Gespielt wird mit einem, bei Bedarf zwei Softbällen.

Schwierigkeitsgrad: Für die Räuber einfach, für die Prinzessin mittelschwer und für die Garde schwierig

Material:

- 1 oder 2 Softbälle
- Bänke als Abwurfmarkierung
- 1 Bettlaken
- evtl. Schläger

Burgwächter-Ball

✦ *Lernziel:* Die Schüler sollen einen Ball auf ein ruhendes Ziel gegen Störung zielgerichtet abgeben, indem sie den Ball rollen, schießen, werfen.

Die ballabgebenden Spieler stehen im Innenstirnkreis. In der Kreismitte steht ein Kegel. Die Werfer versuchen, ihn mit einem Softball zu treffen. Sie werden jedoch durch einen Spieler in der Kreismitte daran gehindert, der versucht, diese Bälle vom Ziel abzuwehren.

Schwierigkeitsgrad: einfach bis mittelschwer

Differenzierungsmöglichkeit: Es wird eine ovale Kreisform gebildet. Das zu treffende Ziel steht deutlich näher bei den leistungsschwächeren Werfern. Leistungsdifferenzierung ist auch durch individuell verschiedene Ballabgabetechniken möglich.

Material:

- ein oder mehrere Bälle
- Kreppband zur Markierung, um den Schülern eine Orientierungshilfe für ihre Abwurfposition zu geben
- 1 Kegel
- evtl. Schläger

Spielalternative: **Burgwächter-Partei-Ball**

Zwei wettstreitende Wächter bewachen einen Schatz. Allerdings versuchen auch zwei Mannschaften, deren Spieler gemischt am Abwurfkreis stehen, das Ziel zu treffen. Gezählt wird der Punkt nur für die Mannschaft, deren Mitglied das Ziel getroffen hat. Es ergeben sich für die Wächter ständig wechselnde Situationen, in denen sie einmal einen Zielwurf verhindern und ein anderes Mal durch Bücken oder Ausweichen einen Zielwurf der eigenen Mannschaft begünstigen wollen.

Schwierigkeitsgrad: mittelschwer bis schwierig

Differenzierungsmöglichkeit: ovaler Abwurfkreis (s.o)

Material: siehe zuvor

Weitere Spielalternative:

Burgwächterball – mit Torwart und zwei Verteidigern

Bei Bildung einer leistungshomogen starken Gruppe für dieses Spiel kann das Ziel von drei Wächtern bewacht werden. Das Verteidigungsfeld wird dafür in drei Zonen eingeteilt. In einer inneren Kreiszone um das Ziel ist der Torwart. Er darf sich in seiner Zone frei bewegen, um das Ziel zu schützen. In der äußeren Zone befinden sich zwei Verteidiger, die jedoch nur jeweils eine (markierte) Hälfte zur Zielwurfabwehr benutzen dürfen. Das Spiel ist deshalb besonders reizvoll, da das Ziel in der Spielfeldmitte ist und deshalb von allen Seiten anvisiert werden kann. Die drei Burgwächter spielen gemeinsam gegen die Angreifer oder (sehr schwierig) gegen zwei angreifende Mannschaften, deren Mitglieder immer abwechselnd auf einem Kreis um die Zielzone stehen.

Schwierigkeitsgrad: schwierig

Material: siehe zuvor, eventuell zusätzlich Markierungsstreifen

Abb. 10: „Burgwächterball – mit Torwart und zwei Verteidigern"

Prell-Abwehrball

✦ *Lernziele:*

- Die Schüler sollen einen gezielt im Prellpaß gespielten Ball abwehren bzw. fangen.
- Sie sollen einen Paßweg für einen Prellballpaß suchen.

Das Spielfeld ist in drei Teile gegliedert. Mannschaft A benutzt die beiden Außenfelder und Mannschaft B das innere Feld. Mannschaft A hat die Aufgabe, den Spielball hinüber zu ihren Teamkameraden zu spielen. Der Ball muß bei diesem Paß jedoch mindestens einmal das mittlere Spielfeld auf dem Boden berühren. Mannschaft B versucht, diesen Paß abzufangen. Für jeden durch Berührung abgewehrten Ball gibt es einen Punkt, für jeden gefangenen Ball sogar zwei Punkte.

Schwierigkeitsgrad: einfach bis mittelschwer

Differenzierungsmöglichkeit: Leistungsstärkere Spieler müssen in eine markierte Zone prellen, damit ihr Paß zählt. In der Nähe dieser Zone sind eher leistungsschwächere Spieler zur Abwehr eingesetzt, die somit einen deutlich kleineren Verteidigungsraum zu überwachen haben.

Material:

- 1 Spielball
- Bänke oder Schnüre als Feldmarkierung
- Reifen oder Kreppband zur Markierung von Prellzonen für leistungsstärkere Schüler

Ball unter die Schnur

✦ *Lernziele:*

- Die Schüler sollen einen Ball zielgerichtet rollen.
- Die Schüler sollen einen zielgerichtet gerollten Ball abwehren.

Das Spielfeld wird durch eine ca. 30 bis 40 Zentimeter hoch gespannte Gummischnur in zwei Spielhälften getrennt, an der ein Glöckchen hängt. Die ballbesitzenden Spieler versuchen, den Ball so zu rollen, daß er die gegenüberliegende Wand berührt (= Spielpunkt), während die abwehrenden Schüler dies natürlich zu verhindern versuchen. Der Ball muß immer unter der Schnur durchgespielt werden, die auch nicht mit einem Körperteil berührt werden darf. Das Glöckchen bietet eine akustische Kontrolle. Damit der Ball nicht laufend das Spielfeld verläßt, werden seitlich gelegte Bänke mit ihren Sitzflächen als Spielfeldbegrenzungen benutzt.

Schwierigkeitsgrad: einfach

Differenzierungsmöglichkeiten:

- Überzahlspiele (vier gegen zwei)
- Die Spielfelder können für Schüler, die nicht so gut rollen können durch eine Umproportionierung zu Lasten der anderen Mannschaft verteilt werden. Die Rollwege werden dadurch kürzer. Die abwehrende Mannschaft sollte dann allerdings auch deutlich weniger Spieler in ihrem Feld haben.
- Schüler, die sich zur Abwehr nur schlecht von der Stelle bewegen können, bekommen ein Hilfsmittel, mit dem sie den Ball besser erreichen können. Unter Umständen kann die Vereinbarung getroffen werden, daß jedes erfolgreiche Berühren des Balles bei einem Abwehrversuch durch diese Schüler als Punktgewinn für die abwehrende Mannschaft gewertet wird. So erhalten sie auch durch ihre Abwehrtätigkeit die Möglichkeit, Spielpunkte zu machen.
- Geländeabwehrhilfen: Die leistungsschwächere Mannschaft hat in ihrer Spielhälfte Kästen stehen, die die gegnerische Mannschaft beim Rollen behindern.
- Zielraumverkleinerung: Die leistungsstärkere Mannschaft spielt auf einen verkleinerten (markierten) Zielraum. Eine Unterscheidung zwischen leistungsstärkeren und -schwächeren Spielgruppen sollte keinesfalls bedeuten, daß sich die leistungsstärkeren Spieler der Gesamtgruppe allesamt in einer Mannschaft befinden.

Material:

- 1 Spielball

- 1 Gummischnur
- 1 Glöckchen
- Langbänke als Spielfeldbegrenzung
- evtl. Kästen
- evtl. Markierungen für die Zielfläche
- eventuell Schläger, Besen o.ä. für leistungsschwächere Schüler, um einen Ball zu erreichen

Tunnelstaffel

✦ *Lernziel:* Die Schüler sollen einen Ball zielgerichtet rollen.

Die Mitglieder zweier Mannschaften bilden jeweils nebeneinander auf dem Bauch liegend eine Reihe pro Mannschaft. Am Anfang der Reihe steht ein Roller und am Ende ein Fänger. Auf Kommando des Rollers („Hoch!") stützen die Liegenden sich in die Höhe und bilden so einen Tunnel (schwächeren Schülern ist auch die Einnahme der Bankstellung erlaubt). Der Roller versucht, den Ball gezielt zum Fänger zu spielen. Hat dieser ihn gefangen, läuft er zur markierten Rollposition (die pro Durchgang fortlaufend ein Stück von der Lehrkraft nach hinten geschoben wird) und wird selbst zum Roller. Der alte Roller übernimmt den ersten Platz in der Reihe der Liegenden. Der letzte Liegende wird zum neuen Roller. Ein nicht bis zu Ende gerollter Tunnelball wird vom Roller zurückgeholt und er muß es erneut versuchen.

Wertungsmöglichkeiten:

- Anzahl der geglückten „Tunnelroller" in vorgegebener Zeit. Oder:
- Die Mannschaft, die zuerst die Staffel durchgespielt hat, hat gewonnen.

Schwierigkeitsgrad: einfach bis mittelschwer.

Material:

- Spielbälle
- Markierungsmaterial als Orientierungshilfe für die Schüler

Ball-über-die-Schnur-Handball

✦ *Lernziele:*

- Die Schüler sollen einen Ball zielgerichtet werfen.
- Die Schüler sollen einen geworfenen Ball abwehren.

Das Spielfeld ist durch eine hoch gespannte Leine (oder ein Netz) in zwei Hälften getrennt. In jeder Hälfte steht eine Mannschaft, die versucht, mit dem einen zur Verfügung stehenden Spielball eine markierte Fläche an der gegenüberliegenden Wand der Gegner zu treffen. Diese Fläche besteht aus der ganzen Wandbreite. Sie wird in der Höhe jedoch so begrenzt, daß auch kleinere Schüler den Ball noch fangen können. Der Ball darf durchaus den Boden berühren, bevor er auf die Zielfläche trifft.

Schwierigkeitsgrad: einfach

Differenzierungsmöglichkeit: Die Trennschnur wird schräg nach unten gespannt, damit leistungsschwächere Schüler aus beiden Mannschaften die Möglichkeit haben, aus einem für sie reservierten Raum die Bälle über eine flache Schnur zu werfen.

Material:

- 1 (evtl. auch zwei) Spielball
- gespannte Schnur oder gespanntes Netz

Am laufenden Band

✦ *Lernziel:* Die Schüler sollen einen Ball zielgerichtet rollen.

Folgende Rollbahn wird für dieses Spiel konstruiert: Eine Langbank wird in zwei Kastenteile eines großen Kastens eingehängt. Über diese schräg ansteigende Bahn soll ein Ball mit so viel Schwung gerollt werden, daß er katapultähnlich ein Ziel treffen soll (Kegel, Schaumstoffstein, in einem weiteren Kastenteil/Reifen aufsetzen...). Wichtig ist natürlich, daß der Ball die Rollbahn nicht schon vorher verläßt. Es treten zwei oder mehrere Mannschaften gegeneinander an. Jeder Spieler holt nach einem Rollversuch seinen Ball wieder zurück und stellt sich hinter seinen Teamkameraden wieder an. Gewonnen hat die Mannschaft, die in vorgegebener Zeit die meisten Treffer erzielt hat.

Methodischer Aspekt: Dieses Spiel sollte unbedingt auch mit verschiedenen Bällen gespielt werden.

Schwierigkeitsgrad: einfach bis mittelschwer

Differenzierungsmöglichkeiten: Leistungsschwächeren Schülern wird aus zwei oder drei Langbänken nebeneinander eine breitere Rollbahn gebaut. Leistungsstärkeren Schülern wird das Ziel weiter entfernt.

Material:

- Langbänke
- verschiedene Bälle
- Kegel o.ä.

Burgball

✦ *Lernziele:*

- Die Schüler sollen einen Ball zielgerichtet werfen.
- Die Schüler sollen einen geworfenen Ball abwehren.

Vier Langbänke werden zu einem Quadrat zusammengestellt. Dieses Quadrat stellt eine Burg dar, in der eine Mannschaft versucht, die von der gegnerischen Mannschaft gespielten Bälle abzuwehren. Die Bälle dürfen allerdings nur in der Flugphase abgewehrt werden. Als Treffer zählen alle Bälle, die den Burgboden berührt haben, unabhängig davon, ob sie wieder aus der Burg herausgesprungen sind. Die angreifende Mannschaft verteilt sich rund um die Burg. Besonders viel Spaß bereitet es den Schülern, die Bälle mit Schwimmbrettern als Schilde abzuwehren.

Spielalternative: Die Schüler sollen die Bälle nicht abwehren. Ihr Lernziel ist es, ihnen auf dem engen Raum der Burg auszuweichen.

Schwierigkeitsgrad: einfach

Material:

- 4 Langbänke
- verschiedene Softbälle

Burgen-Ball

✦ *Lernziele:*

- Die Schüler sollen einen Ball zielgerichtet werfen.
- Die Schüler sollen einen geworfenen Ball abwehren.

Zwei Ritterburgen sind jetzt im Wettstreit miteinander. Jetzt müssen die Schüler gleichzeitig die Bälle werfen, ohne die Abwehr zu vernachlässigen.

Schwierigkeitsgrad: mittelschwer

Material:

- 8 Langbänke oder weniger bei ökonomischer Einbeziehung der Hallenwände
- verschiedene Softbälle

Segelschiffe entladen

✦ *Lernziele:*

- Die Schüler sollen einen Ball zu ihrem Partner passen.
- Die Schüler sollen einen gepaßten Ball fangen.

Im Mittelalter wurden die Segelschiffe häufig noch von Hand entladen. Dazu wurden Menschenketten gebildet und die zu entladende Ware (unterschiedliche Bälle) wurde immer weitergegeben oder sogar weitergeworfen. In diesem Spiel haben zwei oder mehrere Mannschaften die Aufgabe, ihre Schiffe so schnell wie möglich zu entladen und die Ware dann zum Markt zu bringen. Ein zweiteiliger geöffneter Langkasten dient als Schiff, in dessen Bauch viele unterschiedliche Bälle liegen. Die Mannschaften stehen jeweils in einer Reihe hintereinander und bilden eine Kette bis zu ihrem „Planwagen“. Das ist eine Turnmatte, die auf vier Rollbrettern gelagert ist und auf der ebenfalls ein zweiteiliger Langkasten als Transportbehälter vorhanden ist. Die entladenden Schüler stehen auf Teppichfliesen, die sie nicht verlassen dürfen (Steine im Wasser). Ist das Schiff entladen, wird die Ware zum Markt gefahren. Das Ausladen des Planwagens geschieht wie das Ausladen des Schiffes. Die Mannschaft, die ihre Ware zuerst auf ihrem Verkaufstisch (Matte, Bettlaken) anbieten kann, hat gewonnen.

Variationsmöglichkeiten: Das Spiel kann entscheidend erschwert werden, wenn die Bälle über Schnüre, über eine Wand als Bande oder durch einen in der Luft gehaltenen/gehängten Reifen (...) gespielt werden. Diese Erschwerung kann natürlich auch zur Differenzierung genutzt werden.

Schwierigkeitsgrad: einfach bis schwer

Differenzierungsmöglichkeit: Die Entfernung der Teppichfliesen kann entsprechend der Leistungsfähigkeit der Schüler durch die Lehrkräfte bestimmt werden, so daß auch ein Übergeben der Bälle möglich ist.

Material:

- verschiedene Bälle
- mehrere zweiteilige Langkästen
- mehrere Turnmatten
- mehrere Rollbretter
- Teppichfliesen
- evtl. Reifen
- evtl. Seile zur Befestigung von Reifen

Pendelkegeln

✦ *Lernziel:* Die Schüler sollen mit einem an einem Seil hängenden Ball ein Ziel treffen.

Ein Schleuderball wird an einem Seil befestigt. Durch Pendeln des Balles wird versucht, die aufgestellten Kegel umzuwerfen. Schwächeren Schülern wird auch das Zurückpendeln des Balles als Treffermöglichkeit zugestanden.

Schwierigkeitsgrad: einfach

Material:

- 1 Schleuderball
- 1 Seil zur Befestigung
- mehrere Kegel

Matten beschützen

✦ *Lernziele:*

- Die Schüler sollen einen Ball gegen Störung zielgerichtet rollen.
- Sie sollen einen gerollten Ball abwehren.

Vier Matten werden so ausgerichtet, daß sie ein Viereck bilden. Auf jeder Matte liegen zwei Schüler auf dem Bauch und schauen zur Spielfeldmitte. Mit einem Softball versuchen die Spieler, die Matten der anderen rollend zu treffen und selbst einen Treffer bei sich zu verhindern.

Schwierigkeitsgrad: einfach bis mittelschwer

Differenzierungsmöglichkeit: Leistungsstärkere Schüler liegen allein auf einer Matte.

Material:

- 4 oder mehrere Matten, die je nach Teilnehmerzahl so gelegt werden, daß sie einen viereckigen freien Innenraum bilden.
- 1 Spielball

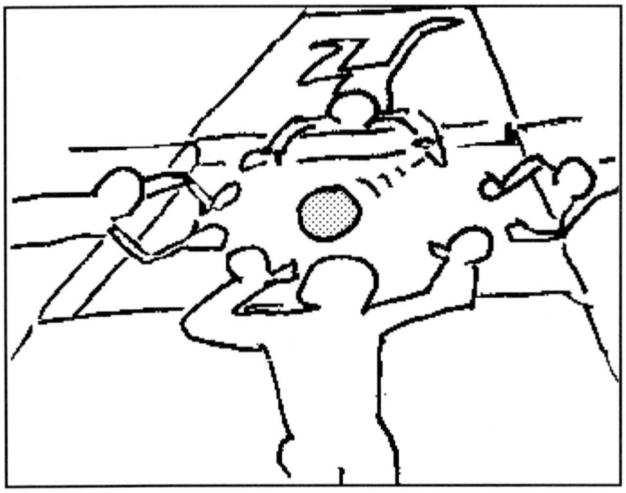

Abb. 11: „Matten beschützen“

Keulenkreisball

✦ *Lernziele:*

- Die Schüler sollen einen Ball gegen Störung zielgerichtet werfen.
- Sie sollen einen geworfenen Ball abwehren.

Die Schüler sitzen im Innenstirnkreis und haben eine Keule zwischen ihren gegrätschten Beinen stehen. Sie versuchen, diese mit Händen und Füßen vor dem Umfallen zu schützen, während ein in Ballbesitz befindlicher Spieler versucht, mit diesem Softball eine der Keulen umzuwerfen. Ein Schüler oder eine Lehrkraft betätigt sich als Balljunge, um die wegrollenden Bälle wieder zurück ins Spiel zu bringen.

Schwierigkeitsgrad: einfach bis mittelschwer

Material:

- je Schüler eine Keule
- 1 Softball

Würfeltreffball

✦ *Lernziel:* Die Schüler sollen einen Ball zielgerichtet werfen.

Es gilt, einen Schaumgummiwürfel zu treffen, der auf Keulen steht. Gezählt wird die Anzahl der Punkte, die der Würfel nach einem Treffer anzeigt.

Schwierigkeitsgrad: einfach

Differenzierungsmöglichkeit: Verschiedene Ballabgabetechniken

Material:

- Spielbälle
- 4 Keulen
- 1 Schaumstoffwürfel

Hallenminigolf

✦ *Lernziel:* Die Schüler sollen einen Ball über unterschiedliche Hindernisbahnen auf ein Ziel rollen.

Es werden verschiedene Hindernisbahnen gestaltet, über die die Schüler versuchen, einen Ball auf ein Ziel zuzurollen. Jeder Schüler hat drei Versuche. Abhängig von der Bahn können dies auch hintereinander gemachte Versuche sein, d.h. sie müssen nicht immer vom ersten Abspielpunkt wieder beginnen. [vgl. Bucher (Hrsg.), 1010 Spiel- und Übungsformen für Behinderte und Nichtbehinderte – Schorndorf 1986, S. 125]

Schwierigkeitsgrad: einfach bis mittelschwer

Material: abhängig von den zu gestaltenden Bahnen

Zirkusmanegen-Treff-Ball

✦ *Lernziele:*

- Die Schüler sollen einen Gegenspieler durch gezieltes Prellen treffen.
- Die Schüler sollen einem geprellten Ball ausweichen.

Aus vier Langbänken wird ein Quadrat (= Manege) gebaut. Alle Spieler befinden sich in diesem Raum. In der Mitte liegt ein Reifen, in dessen Mitte sich niemand befinden darf. Ein Spieler versucht nun, die anderen Schüler zu treffen, indem er den Ball zunächst in den Reifen prellen muß, bevor er auf sein Ziel trifft. Der getroffene Spieler wird dann selbst zum Werfer. Die Lehrkraft sollte während des Spiels immer ein paar Spielbälle für den Werfer parat haben, um ihm das Wiederholen zu ersparen.

Schwierigkeitsgrad: einfach bis mittelschwer

Material:
- 1 Spielball
- 4 Langbänke
- 1 Reifen

Fliehreifenball

✦ *Lernziel:* Die Schüler sollen einen Ball zielgerichtet auf ein sich bewegendes Ziel werfen.

Ein Schüler zieht einen Reifen an einem Seil hinter sich her. Die anderen Schüler versuchen, mit einem Ball in den Reifen zu treffen. Gelingt einem Werfer dieser Versuch nicht, so muß er so lange warten, bis er wieder mit dem Werfen an der Reihe ist. Variationsmöglichkeit: Jeder Schüler erhält einen Ball.

Schwierigkeitsgrad: mittelschwer

Material:
- 1 Spielball (bei Bedarf mehrere Bälle)
- 1 Seil
- 1 Reifen

Stop and go 2

✦ *Lernziele:*
- Die Schüler sollen einen nach Abspielaufgabe gespielten Ball (rollen, prellen, werfen, schießen, schlagen, mit einem Gegenstand schlagen) durch Stoppen annehmen.
- Sie sollen ihn zielgerichtet und dosiert abspielen (rollen, prellen, werfen, schießen, schlagen, mit einem Gegenstand schlagen).

Staffelform: Ein Schüler läuft zu verschiedenen Malen, wo er jeweils einen Ball von einem seitlich stehenden Mitspieler zugespielt bekommt. Er stoppt diesen Ball und spielt ihn dann zurück. Danach läuft er zum nächsten Mal (gleiche Prozedur). Nach Erreichen der Schlußlinie läuft er zurück.

Schwierigkeitsgrad: mittelschwer

Differenzierungsmöglichkeit: Leistungsangepaßtes Zuspiel und leistungsangepaßte Zuspielentfernung

Material:
- mehrere Spielbälle
- Markierungen für Anspielzonen
- evtl. Schläger

Das flüchtende Tor

✦ *Lernziel:* Die Schüler sollen einen Ball aus dem Lauf zielgerichtet auf sich bewegende Ziele abgeben, indem sie ihn rollen, werfen, schießen, mit der Hand oder einem Gegenstand schlagen.

Alle Schüler versuchen gemeinsam, das Tor mit der vorgegebenen Technik zu treffen. Leider bewegt sich das Zielobjekt. Entweder tragen zwei Schüler während des Davonlaufens einen Wäschekorb oder einen Reifen, in den hineingetroffen werden soll, oder sie ziehen ein größeres, jedoch leichtes Teil (z.B. schaumstoffgefüllte Teile aus einer Turnlandschaft) an einem Seil hinter sich her, welches getroffen werden soll.

Schwierigkeitsgrad: mittelschwer

Differenzierungsmöglichkeit: Es werden zwei leistungshomogene Gruppen gebildet, von denen jeweils nur abwechselnd einer aus jeder Gruppe auf das Ziel werfen darf. Die Gruppe der leistungsstärkeren Schüler hat dann die Aufgabe, den Schüler, der das Ziel hinter sich herzieht, in die Nähe des leistungsschwächeren Werfers abzudrängen. Sie dürfen zwar den Zielspieler nicht berühren, aber dieser darf seinerseits während des Laufens auch keinen der anderen Schüler berühren. Durch geschicktes Taktieren oder Kettenbilden kann man es dem Ziel-Spieler schon recht schwer machen.

Material:
- geeignetes Zielmaterial
- Spielball
- evtl. Schläger

Abb. 12: „Das flüchtende Tor“

Drachenjagd

✦ *Lernziele* (je nach Schwerpunkt):

- Die Schüler sollen ihren Partnern helfen, indem sie ihnen den Ball zuspielen.
- Die Schüler sollen einen Ball auf ein bewegtes Ziel zielgerichtet abgeben, indem sie ihn rollen, werfen, schießen, mit der Hand oder einem Gegenstand schlagen).
- Die Schüler sollen einen zielgerichtet gespielten Ball abwehren (vorderer Schüler).
- Die Schüler sollen einem zielgerichtet gespielten Ball ausweichen (hinterer Spieler).

Die Schüler stehen im Innenstirnkreis. In der Mitte befindet sich ein Drache, bestehend aus zwei Schülern. Der hintere Schüler umschlingt mit seinen Armen die Hüfte des vorderen und darf den Vordermann auch nicht loslassen. Die Spieler aus dem Kreis versuchen, den Drachen mit einem Ball zu treffen. Der vordere „Drachenteil" darf die Bälle allerdings abwehren. Die Kreisspieler müssen sich daher den Ball taktisch klug zuspielen, um den hinteren Teil des Drachens zu treffen, der sich nicht wehren darf.

Schwierigkeitsgrad: Abwehren und Ausweichen = mittelschwer, Zielwurf = einfach, Abgeben = mittelschwer bis schwer

Material:

- 1 Spielball
- evtl. Markierungsmaterial zur Orientierungshilfe für den Standort der Werfer
- evtl. Schläger

Abb. 13: „Drachenjagd"

Versteckball

✦ *Lernziele:*

- Die Schüler sollen einen Ball zielgerichtet auf ein sich bewegendes Ziel abgeben, indem sie ihn rollen, werfen, schießen oder mit der Hand oder einem Gegenstand schlagen.
- Die Schüler sollen einem zielgerichtet gespielten Ball ausweichen und dabei die zusätzlich gegebene Deckungsmöglichkeit ausnutzen.

Die Aufstellung ist ein Innenstirnkreis. Es gilt, einen Schüler zu treffen, der sich in der Mitte befindet. Dieser darf sich hinter einem großen Kasten verstecken, der ebenfalls in der Mitte steht. Dies verlangt allerdings vom Versteckenden das kognitive Umsetzen der Möglichkeiten, die sich durch diese neue Situation für das Spiel ergeben, da der Schüler sich zweckgemäß immer auf der werferabgewandten Seite des Kastens verstecken soll. Leider fällt dies vielen geistigbehinderten Schülern vor allem bei schnellen Spielen häufig sehr schwer. Selbst das Ausweichen vor einem Ball ist für einige Schüler schon eine große Anforderung.

Schwierigkeitsgrad: mittelschwer bis schwierig

Differenzierungsmöglichkeit: Es wird eine ovale Kreisform gebildet. Der Kasten steht deutlich näher bei den leistungsschwächeren Werfern.

Material:

- 1 Spielball
- 1 großer Kasten
- evtl. Markierungsmaterial zur Orientierungshilfe für den Standort der Werfer
- evtl. Schläger

Anspiel-3-Felder-Ball:

✦ *Lernziele:*

- Die Schüler sollen einen gezielt gespielten Ball durch Stoppen oder Fangen annehmen.
- Die Schüler sollen einen Ball zielgerichtet an einen Spielpartner abgeben, indem sie ihn rollen, werfen, schießen, mit der Hand oder einem Gegenstand schlagen.

Es werden drei gleich große Felder gebildet. In dem mittleren Feld stehen je ein Spieler aus beiden teilnehmenden Mannschaften. In den Außenfeldern stehen jeweils die beiden Mannschaften. Die beginnende Mannschaft versucht, den Ball ihrem Mitspieler in der Mitte zuzuspielen, was sein Gegenspieler natürlich zu verhindern versucht. Jeder geglückte Paß bedeutet einen Punkt.

Schwierigkeitsgrad: mittelschwer bis schwierig

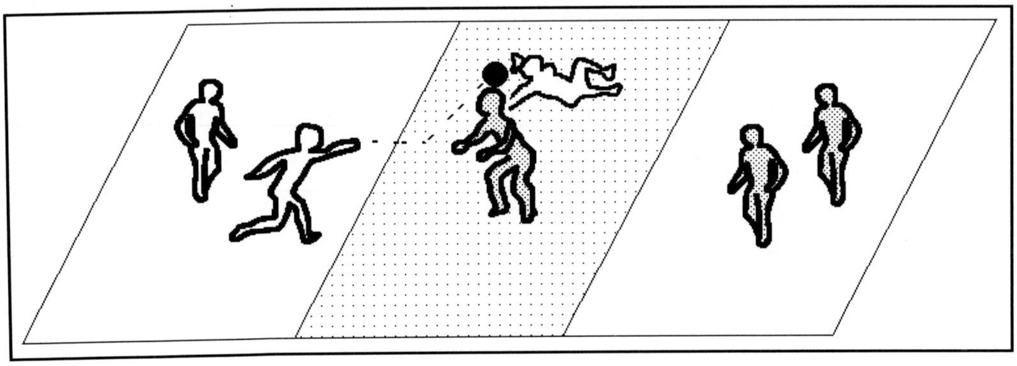

Abb. 14: „Anspiel-3-Felder-Ball“

Differenzierungsmöglichkeit: Leistungsschwächeren Schülern wird das Annehmen des Balles durch Berührung desselben gestattet.

Material:

- Langbänke oder Gummiseile zur Spielfeldmarkierung
- evtl. Schläger

Häuptlings-Ball

✦ *Lernziele:*

- Die Schüler sollen ihrem Anspielpartner helfen, indem sie einen Paßweg (beim Rollen, Werfen oder Schießen) gegen die Störung der Gegenspieler suchen.
- Die Schüler sollen das Zusammenspiel des Gegners stören.

Eine Mannschaft spielt sich in einer zuvor festgelegten Reihenfolge einen Ball zu, bis er zuletzt den Häuptling erreicht. Eine andere (zahlenmäßig kleinere) Mannschaft versucht, dies zu verhindern. Hilfe: Lehrkraft gibt die Reihenfolge während des Spiels zur Erinnerung laufend an. Die ballbesitzende Mannschaft muß immerfort nach Paßwegen suchen, da sie von der anderen Mannschaft immer wieder beim Passen behindert wird. Die Störer dürfen erst dann versuchen, den Ball zu erreichen, wenn er abgespielt ist, da sie den Vorteil haben, daß sie den Namen des anzuspielenden Gegners wissen. Sie dürfen sich allerdings kontinuierlich in den Weg stellen und außerdem den Anspielpartner dicht decken.

Schwierigkeitsgrad: schwierig

Material: 1 Spielball

Paßball durch Tore

✦ *Lernziele:*

- Die Schüler sollen ihren Spielpartnern helfen, indem sie einen Paßweg suchen.
- Die Schüler sollen die Paßversuche der Gegner durch Abfangen des Passes stören.

Auf dem Spielfeld stehen mehrere Stangentore. Zwei Mannschaften spielen gegeneinander (nur ein Ball). Die Mannschaftsmitglieder haben die Aufgabe, sich untereinander den Ball zuzuspielen. Sie tun dies natürlich gegen die Störung ihrer Gegner. Gezählt werden die Anzahl der gespielten Pässe, die durch eines der Tore geglückt sind.

Schwierigkeitsgrad: schwierig

Material:

- 1 Spielball
- mehrere Stangentore

Abb. 15: „Paßball durch Tore“

Tigerball

✦ *Lernziele:*

- Die Schüler sollen ihrem Anspielpartner helfen, indem sie einen Paßweg (beim Rollen, Werfen oder Schießen) gegen die Störung der Gegenspieler suchen.
- Die Schüler sollen die Paßversuche der Gegner durch Abfangen des Passes stören (Tiger).

Die Schüler bilden einen Innenstirnkreis und passen (werfen, schießen, rollen) sich die Bälle zu. In der Mitte versucht ein Schüler (Tiger), diesen Ball zu erwischen. Gelingt ihm dies, so kommt ein anderer als Tiger in den Kreis.

Schwierigkeitsgrad: mittelschwer

Material: 1 Spielball

Zeitlupen(ball)squash

✦ *Lernziel:* Die Schüler sollen einen Zeitlupenball zielgerichtet schlagen (mit der Hand oder einem Schläger).

Die Spielregeln sind dem Squash ähnlich. Der Zeitlupenball (Globus, Riesenluftballon...) wird von einer Abspielmarkierung über eine Markierungslinie an der Wand an dieselbe geschlagen. Der zweite Spieler versucht nun, den von der Wand abgeprallten Ball zu erreichen, bevor dieser den Boden berührt. Er spielt ihn dann sofort aus der Luft zurück an die Wand, damit sein Gegenspieler sich erneut bemühen muß. Berührt der Ball den Boden, erhält der Spieler, der den Ball abgespielt hat einen Punkt. Das Spielfeld wird seitlich und rückwärtig durch eine Gummischnur oder Fußbodenmarkierungen begrenzt. Das Spielen über die doppelte Bande entfällt also. Fällt ein Ball außerhalb des Spielfeldes, wird der Spielzug wiederholt. Wenn die Schüler das Spiel schon besser beherrschen, gilt ein solcher Ball als Fehler für den Abspieler, so daß dem Annehmenden ein Punkt zugesprochen wird.

Schwierigkeitsgrad: mittelschwer bis schwierig

Differenzierungsmöglichkeit: Der leistungsschwächere Spieler darf den Ball einmal aufprallen lassen, bevor er ihn zurückspielt. Leistungsstärkere Schüler können in homogenen Gruppen auch schnellere Bälle benutzen (die Schüler z.B. einmal selbst ausprobieren und entscheiden lassen, mit welchem Ball sie spielen möchten).

Material:

- Gummischnur oder Kreppband zur Markierung (keine Bänke, da die Verletzungsgefahr durch Stolpern bei diesem Spiel zu hoch ist)
- Zeitlupenball
- evtl. Schläger

Abb. 16: Zeitlupen(ball)squash"

2-Felder-Kegeln

✦ *Lernziele:*

- Die Schüler sollen einen Ball zielgerichtet rollen.
- Die Schüler sollen einen zielgerichtet gerollten Ball abwehren.

Das Spielfeld gleicht dem des „Ball-unter-die-Schnur"-Spiels. Anstatt eine Ziellinie zu überrollen, gilt es diesmal, mehrere in einem Zielraum aufgestellte Kegel umzurollen.

Schwierigkeitsgrad: mittelschwer

Differenzierungsmöglichkeiten: Veränderung der Anzahl der zu treffenden Kegel, Veränderung der Kegelaufstellung (Vereinfachung durch dichtere Aufstellung), Veränderung der Spielfeldbreite, Veränderung der Spieleranzahl.

Material:

- 1 Spielball
- mehrere Kegel
- Langbänke zur seitlichen Absperrung
- gespanntes Gummiseil mit Glöckchen

Abb. 17: „2-Felder-Kegeln"

Balltennis/Volleyball

✦ *Lernziele:*

- Die Schüler sollen einen Ball so zielgerichtet in das gegnerische Spielfeld schlagen, daß er dort den Boden berührt.
- Die Schüler sollen einen geschlagenen Ball fangen oder zielgerichtet zurückschlagen.

Das durch ein Netz getrennte Feld bietet Platz für entweder zwei Mannschaften oder zwei Einzelspieler. Es gelten die Spielregeln des Tennis oder des Volleyballspiels. Je nach Absprache wird der benutzte Zeitlupenball sofort geschlagen oder zunächst gefangen.

Es kann durch Lehrervorgabe ein einfaches bis mehrfaches Aufsetzen des Balles im Feld erlaubt sein.

Schwierigkeitsgrad: mittelschwer

Differenzierungsmöglichkeit: Anpassen der Spielfeldgröße an die Leistungsfähigkeit der Schüler

Material:

- 1 Zeitlupenball oder bei Bedarf ein schnellerer Ball
- 1 gespanntes Netz oder eine gespannte Schnur
- Material zur Spielfeldmarkierung
- evtl. Schläger

Ball über die Schnur

✦ *Lernziele:*

- Die Schüler sollen einen Ball so zielgerichtet über die Schnur in das gegnerische Spielfeld werfen, daß er dort den Boden berührt.
- Die Schüler sollen einen geworfenen Ball fangen.

Das Spielfeld wird durch eine hoch gespannte Schnur (oder ein Volleyballnetz) in zwei Teile getrennt. Die Mannschaften haben die Aufgabe, den Spielball so über die Schnur in das gegnerische Feld zu werfen, daß er dort den Boden berührt. Die angegriffene Mannschaft soll dies durch Fangen des Balles verhindern.

Schwierigkeitsgrad: mittelschwer bis schwierig

Differenzierungsmöglichkeit: Anpassen der Spielfeldgröße an die Leistungsfähigkeit der Schüler

Material:

- 1 Spielball (eventuell zunächst ein Zeitlupen- oder Schaumgummiball)
- 1 gespanntes Netz/gespannte Schnur

Variationsmöglichkeiten:

Fangball über die Schnur

Mannschaft 1 hat die Aufgabe, nacheinander 5 Bälle so über eine Schnur in das gegnerische Spielfeld zu werfen, daß der Ball dort den Boden berührt. Die gegnerische Mannschaft versucht, die Bälle aufzufangen. Schnelle Absprachen sind hierbei notwendig. Nach den 5 Bällen wechseln die Mannschaften die Rollen. Gewonnen hat die Mannschaft mit den meisten Treffern.

Schwierigkeitsgrad: mittelschwer

Ball über die Schnur im Sitzen

Das Spiel wird auf einem erheblich kleineren Spielfeld gespielt. Die Spieler sitzen relativ dicht beieinander. Gespielt wird mit leichten, größeren Bällen (vom Globusball bis zum Schaumstoffball). Die Bälle müssen nicht unbedingt gefangen werden. Sie dürfen auch zurückgeschlagen werden.

Schwierigkeitsgrad: einfach

Ball über die Schnur mit nur zwei Spielern

Das Spiel ist sehr laufintensiv und sollte daher auf einem kleineren Spielfeld gespielt werden. Die Bälle müssen gefangen werden.

Schwierigkeitsgrad: schwierig

Überraschungsball

Der Ball wird über einen Sichtschutz gespielt (aufgehängtes Bettlaken). Die Antizipationsleistung zum Abfangen des Balles wird dadurch stark behindert, da sowohl der Abspielort, wie die Abspielart und auch der erste Teil der Flugbahn des Balles nicht beobachtet werden können.

Schwierigkeitsgrad: schwierig

Differenzierungsmöglichkeit: Ein Berühren des abgespielten Balles durch die annehmende Mannschaft gilt als gelungene Abwehr.

zusätzliches Material:

- mehrere Bettlaken
- Wäscheklammern

Ball über die Schnur mit kleineren Schwungtüchern

Ein Zeitlupenball wird durch eine Werfermannschaft über die Schnur gespielt. Die Fängermannschaft hat die Aufgabe, ihn mit einem Bettlaken aufzufangen, bevor er den Boden des eigenen Spielfeldes berührt. Das Spielfeld muß klein gehalten werden.

Schwierigkeitsgrad: schwierig

Differenzierungsmöglichkeit: Leistungsstärkere Schüler können auch die Aufgabe erhalten, den Ball mit Hilfe des Schwungtuches in das andere Feld zu schwingen.

zusätzliches Material: mehrere Bettlaken

methodischer Hinweis: Sollten einige Schüler den Ball mit zuviel Kraft in das gegnerische Spielfeld werfen, erhalten sie die Aufgabe, den Ball zunächst auf ihrem Spielfeld aufzuprellen, um ihn so über das Netz springen zu lassen (vgl. Prellball).

Königinnenball

✦ *Lernziele:*

- Die Schüler sollen einen Ball zielgerichtet und dosiert werfen, damit ihre Partner ihn fangen können.
- Die Schüler sollen einen geworfenen Ball fangen.

Lernvoraussetzungen: Die Schüler müssen den Ball relativ sicher fangen können.

Zwei Mannschaften stehen in Grätschstellung hintereinander über je einer Langbank. Vor ihnen steht je ein(e) Mitspieler(in) (die Königin). Der Abstand zwischen ihnen und den ersten Mitgliedern ihrer Mannschaft kann individuell von den Lehrkräften festgelegt werden. Die Königin wirft ihren Ball zum ersten Mitspieler. Dieser wirft ihn zurück und setzt sich auf die Bank. Sofort wirft die Königin den Ball zu ihrem zweiten Mitspieler (...). Wenn die Königin den letzten Mitspieler angespielt hat, läuft dieser nach vorn und wird selbst zur Königin. Die anderen Mitspieler rutschen auf der Bank nach hinten und machen der alten Königin am Anfang der Bank Platz. Wird ein Wurf nicht gefangen, muß die Königin sich den Ball holen und ihren Mitspieler erneut anspielen.

Schwierigkeitsgrad: einfach (siehe jedoch Lernvoraussetzungen)

Material:

- 1 Spielball je Gruppe
- 1 Langbank je Gruppe

Kegeljunge

✦ *Lernziele:*

- Die Schüler sollen einen Ball gegen Störung zielgerichtet abgeben, indem sie ihn rollen, werfen, schießen oder schlagen.
- Sie sollen einen Ball gegen Störung erobern.

Ein Schüler hat die Aufgabe, als Kegeljunge drei aufgestellte Kegel zu bewachen. Vor dem Kegeljungen stehen die anderen Schüler in einem zuvor von den Lehrkräften individuell festgelegten Abstand (jeder) auf einer Teppichfliese. Sie versuchen, von dort aus die bewachten Kegel zu treffen (je nach Aufgabe rollen, werfen, schießen oder schlagen). Wenn alle Kegel umgefallen sind, hat die Mannschaft gewonnen. Allerdings darf der Kegeljunge umgefallene Kegel wieder aufstellen. Sind die zuvor an die Schüler verteilten Bälle verspielt, können sie sie sich aus dem Spielfeld zurückholen. Aber Vorsicht! Der Kegeljunge darf, solange alle drei Kegel stehen, die Balljäger abschlagen (oder abwerfen). Erschwerend kommt hinzu, daß hinter den Kegeln noch ein bis zu 10 Meter tiefer Raum ist, der den Laufweg zu den weiter wegliegenden Bällen noch erschwert.

Schwierigkeitsgrad: mittelschwer bis schwierig (Kegeljunge)

Material:

- 3 Kegel
- mehrere Bälle
- mehrere Teppichfliesen
- evtl. Schläger

Abgeben und Laufen

✦ *Lernziel:* Die Schüler sollen einen Ball einem sich bewegenden Partner zupassen.

Ein Schüler versucht, die anderen Schüler abzuschlagen. Er darf dies jedoch nur, wenn sie in Besitz eines Balles sind. Die ballführenden, weglaufenden Schüler dürfen sich des Balls entledigen, indem sie ihn einem anderen Schüler zupassen, der nicht in Ballbesitz ist. Kommt der Paß nicht zustande, wird der Hauptschuldige neuer Fänger. Nur etwa Dreiviertel aller Schüler sollten zu Spielbeginn einen Ball haben. Alle Spieler müssen in Bewegung sein.

Variationsmöglichkeit: Mehrere Spieler dürfen abschlagen.

Schwierigkeitsgrad: mittelschwer bis schwierig

Differenzierungsmöglichkeiten: Leistungsschwächeren Schülern wird der Ball übergeben und auch wieder abgenommen, wenn dieser in Bedrängnis gerät.

Material: mehrere Spielbälle

Fünferpaßball

✦ *Lernziel:* Die Schüler sollen einen Ball einem sich bewegenden Partner zupassen, indem sie ihn rollen, schießen oder werfen.

Zwei gegeneinanderspielende Mannschaften haben innerhalb eines Spielfeldes das Ziel, fünf Pässe nacheinander und ohne Unterbrechung in ihrer Mannschaft zu spielen. Ein Paß gilt als nicht geschafft, wenn der Ball von einem gegnerischen Spieler berührt werden kann.

Schwierigkeitsgrad: mittelschwer bis schwierig

Material: 1 Spielball

Abgeben gegen Laufen

✦ *Lernziele:*

- Die Schüler sollen dem Partner einen Ball zupassen.
- Die Schüler sollen einen Ball zu einem Ziel führen (Läufer).

Bis auf einen Läufer stellen sich alle Schüler in zwei Reihen gegenüber auf. Während die Werfer den Ball vom Anfang der Doppelreihe im Zick-Zack-Muster von Reihe A zu Reihe B abgeben (...) bis er am Ende der Reihen vom letzten Fänger in einen kleinen Kasten gelegt wird, versucht der Läufer in der Zwischenzeit eine von der Lehrkraft zu Beginn festgelegte Distanz zu überwinden und dabei einen Ball zum Ziel zu führen.

Schwierigkeitsgrad: mittelschwer

Differenzierungsmöglichkeit: Die Aufstellung der sich gegenüber stehenden Partner wird von den Lehrkräften so gesteuert, daß sich die Wurfdistanz (u.U. Übergabedistanz) zwischen den Partnern an ihrer Leistungsfähigkeit orientiert. Die Art, wie der Ball vom Läufer geführt werden soll, legen die Lehrkräfte ebenfalls fest, indem sie sich an seiner Leistungsfähigkeit orientieren.

Material: 2 Bälle

Reifenpaßball

✦ *Lernziele:*

- Die Schüler sollen einem Partner einen Ball so zupassen, daß er zunächst in einem markierten Zielraum auftrifft, bevor der Partner ihn annimmt.
- Die Schüler sollen einen Paß mit vorheriger Bodenberührung annehmen.

Zwischen zwei Spielpartnern liegt ein Reifen auf dem Boden. Sie sollen zunächst versuchen, in diesen Reifen zu treffen. Später sollte es ihnen gelingen, sich Pässe zuzuspielen, bei denen der Ball zuerst in der Reifenmitte aufspringen muß. Das kann auch im Wechsel mit normalen Wurfpässen geschehen. Gezählt wird die Anzahl der gelungenen Pässe.

Schwierigkeitsgrad: mittelschwer bis schwierig

Differenzierungsmöglichkeiten:

- Die Entfernung zum Reifen der Leistungsstärke der Schüler anpassen.
- Die Trefffläche vergrößern (mit gelegten Seilen ein Feld abgrenzen bzw. mit farbigem Klebeband abkleben)
- Leistungsstarke Schüler werfen neben dem beidhändigen Druckpaß (der Schüler hält den Ball mit angewinkelten Armen vor seiner Brust. Dann drückt er die die Arme bis zur Streckung nach vorn und paßt den Ball) auch einhändig (abwechselnd mit der rechten und der linken Hand) und aus dem Sprung (der Schüler paßt den Ball während er von einem kleinen Kasten zu Boden springt).

Material:

- mehrere Bälle
- mehrere Reifen
- Kreppband zur Markierung

Inselball mit Haifisch

✦ *Lernziele:*

- Die Schüler sollen einen Ball gegen Störung zu ihrem Partner passen.
- Die Schüler sollen einen gegen Störung gepaßten Ball fangen.

Die Bewohner einer fernen Inselgruppe transportieren ihre Kokosnüsse, indem sie sie von Insel zu Insel (Matte zu Matte) werfen. Das ist auch lange Jahre gut gegangen, bis eines Tages ein Schwarm von Haifischen kommt, der versucht, die geworfenen Kokosnüsse während des Fluges abzufangen. Klar, daß die Haifische nicht auf die Inseln können. Doch ebenso klar dürfen die Inselbewohner nicht im Eifer des Gefechts ins Wasser fallen, sonst werden sie von den Haien gefressen (abgeschlagen) und die Kokosnüsse müssen viel weiter geworfen werden, da eine Insel nun unbewohnt ist.

Schwierigkeitsgrad: mittelschwer

Material:

- mehrere Bälle
- mehrere Matten

Drei gegen Einen mit zwei Bällen auf ein Ziel

✦ *Lernziele:*

- Die Schüler sollen den Ball gegen Störung auf ein Ziel abgeben.
- Sie sollen den Ball ihrem Partner zupassen, wenn er in einer besseren Zielwurf(-schuß-)position ist.
- Sie sollen den Zielwurf(-schuß) des Gegners stören (Gegenspieler).

Die Art des Abspielens wird durch die Lehrkräfte zuvor festgelegt.

Von ihren festgelegten Abspielzonen (Matten oder markierte Flächen) versuchen drei Spieler, gegen einen Spieler auf ein Ziel (z.B. Keule) zu spielen. Der eine Spieler versucht, sie dabei zu stören. Verliert ein angreifender Spieler den Ball oder trifft das Ziel nicht, wird er zum Störer.

Schwierigkeitsgrad: leicht (Störer) bis schwer (Mannschaft)

Differenzierungsmöglichkeit: Ein bloßes Berühren des gepaßten Balles gilt als gelungener Abwehrversuch.

Material:

- 1 Spielball
- Material zur Markierung der Wurfzone
- geeignetes Zielmaterial

Sackball

✦ *Lernziel:* Zwei oder mehrere Schüler sollen mit einem reißfesten Sack (Kartoffelsack o.ä.) einen gespielten Ball fangen.

Spielideen, wie man einen Ball mit einem Sack fangen kann:

- über eine Leine geworfen
- über einen Vorhang geworfen (vgl. Überraschungsball)
- zunächst in einen Reifen geprellt und dann über eine Leine springenden Ball
- an eine Wand geworfen (vgl. Squash-Treffball)

Schwierigkeitsgrad: mittelschwer bis schwer (abhängig von der Kooperationsfähigkeit der Schüler und der Art des Balles)

Material:

- reißfester Sack
- gespannte Schnur/gespanntes Netz/gespanntes Tuch
- Reifen

Turmball

✦ *Lernziele:*

- Die Schüler sollen sich gegen Störung einen Ball zupassen, indem sie werfen.
- Sie sollen einen zugepaßten Ball gegen Störung fangen.

Abb.18: „Turmball"

Zwei Mannschaften spielen gegeneinander. Jede Mannschaft hat einen Turmspieler, der auf einem Kastenteil steht. Um einen Punkt zu erreichen, muß es der Mannschaft gelingen, ihrem Turmspieler einen Ball zuzuspielen. Rund um den Turm ist eine Zone gekennzeichnet, die von den Feldspielern nicht betreten werden darf. Der Turmspieler darf seinen Turm auch nicht verlassen.

Schwierigkeitsgrad: mittelschwer bis schwierig

Material:

- 1 Spielball
- 2 Kastendeckel von großen Kästen
- Material zur Markierung

Jäger und Hasen

✦ *Lernziele:*

- Die Schüler sollen einem gezielt gespielten Ball ausweichen.
- Die Schüler sollen aus dem Lauf einen Ball auf sich bewegende Ziele werfen.

Ein Jäger (z.B. mit grüner Mütze) versucht, mit einem Ball die vor ihm davonlaufenden Hasen zu treffen. Der Getroffene wird danach zum Jäger. Gespielt wird mit Softbällen.

Variation: Spiel mit Freimalen (Teppichfliesen), die jedoch nur von einer Person und für eine vorgegebene Zeit besetzt sein dürfen.

Schwierigkeitsgrad: mittelschwer

Differenzierungsmöglichkeit: Für leistungsstärkere Werfer zählen nur die Treffer, die durch einen Prellstoß (d.h., der Ball muß zuerst den Boden berühren, bevor er den Gegner trifft) zustandekommen.

Material: 1 Softball

Vierbandenball

✦ *Lernziele:*

- Die Schüler sollen einen Ball zielgerichtet abgeben, indem sie ihn rollen, schießen oder mit einem Schläger (am Boden) schlagen.
- Die Schüler sollen einen zielgerichtet gespielten Ball abwehren.

Ein Viereck wird aus Langbänken gebildet. Pro Langbank stellt sich ein Spieler (oder Spielerpaar) als Torwart davor. Die Bälle werden immer hin- und hergespielt, mit dem Ziel, eine Bande zu treffen (=Torpunkt). Die Torhüter müssen laufend auf der Hut sein und die Bälle abwehren. Ein unter Umständen sehr schnelles Spiel.

Schwierigkeitsgrad: schwierig

Differenzierungsmöglichkeit: Verändern der Trefflächen durch Verschieben der Bänke.

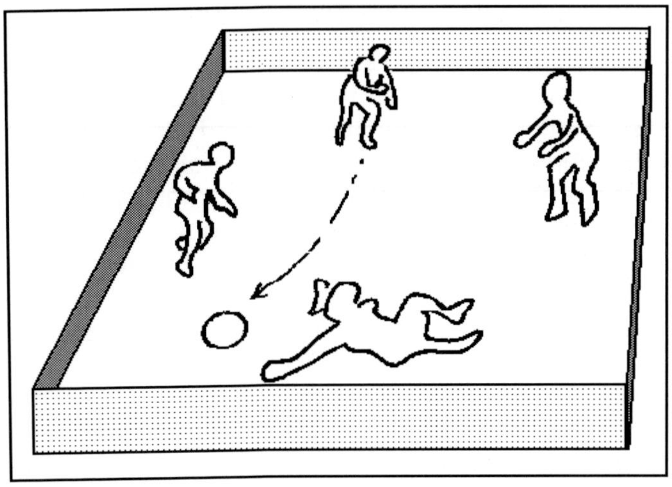

Abb. 19: „Vierbandenball"

Material:

- 1 bis zwei Spielbälle
- 4 Langbänke
- evtl. Schläger

Wächterball

✦ *Lernziel:* Die Schüler sollen einen zielgerichtet gespielten Ball der gegnerischen Mannschaft abwehren.

Lernvoraussetzung: Die Schüler müssen schon verschiedene „Ball vor Spiele auf ein Ziel" gespielt und deren Spielidee auch verstanden haben.

Zwei Mannschaften spielen auf Ziele, die durch Wächter beschützt werden. Jeder erfolgreiche Abwehrversuch der Wächter gibt einen Punkt für die angegriffene Mannschaft (ansonsten natürlich für die angreifende Mannschaft). Das Ziel, auf welches die angreifende Mannschaft spielt, kann ein Kasten, Kegel, Medizinball, Basketballkorb und vieles mehr sein. Auch die Art, wie der Ball auf das Ziel abgespielt werden soll, bleibt den Lehrkräften überlassen. Es kann sich also um ein fußball-, handball-, rollball- usw. -ähnliches Spiel handeln.

Schwierigkeitsgrad: mittelschwer bis schwierig

Differenzierungsmöglichkeit:

Überzahlspiele: Die auf dem Spielfeld befindlichen Mannschaften sind unterschiedlich spielerstark, bzw. die eine Mannschaft erhält mehr als einen Wächter für das Ziel.

Material:

- 1 Spielball
- geeignetes Zielmaterial

Squash-Treffball

✦ *Lernziele:*

- Die Schüler sollen einen Gegenspieler durch gezieltes Werfen an eine Bande treffen.
- Die Schüler sollen einem geworfenen Ball ausweichen, der zuvor über eine Bande gespielt wurde.

Ein veränderbar großes Spielfeld wird ca. drei Meter vor einer Wand markiert. In der Fläche zwischen dem Spielfeld und der Wand ist ein Werfer, der versucht, die übrigen Spieler im Spielfeld zu treffen, indem er den Ball zunächst gegen die Wand prellt. Der Treffer zählt nur, wenn der Ball zuvor über eine Markierungslinie an der Wand in ca. 1,70 Meter Höhe geprellt wurde. Das Spielfeld sollte während des Spiels verkleinert werden. Die Lehrkraft sollte während des Spiels immer ein paar Spielbälle für den Werfer parat haben, um ihm das Wiederholen zu ersparen.

Schwierigkeitsgrad: mittelschwer

Material:

- mehrere Bälle
- Kreppband und gespannte Gummischnüre zur Markierung

Völkerball

✦ *Lernziele:*

- Die Schüler sollen auf sich bewegende Gegenspieler zielgerichtet werfen.
- Sie sollen geworfenen Bällen ausweichen.

Das Spielfeld wird in vier Teile geteilt: Zwei große Spielfelder in der Hallenmitte und zwei sich an den Kopfseiten der Halle anschließende schmale Streifen. Die Mannschaften verteilen sich auf die beiden großen Spielfelder. Außerdem haben sie jeweils einen Königsspieler gewählt, der an den Kopfseiten der Mannschaft in Wurfrichtung steht. Die in Ballbesitz befindliche Mannschaft versucht, einen Mitspieler der gegnerischen Mannschaft zu treffen. Wird der Ball gefangen, gilt der Spieler als nicht getroffen. Rollt er durch das Feld in den Kopfstreifen des Königsspielers, darf dieser nun versuchen, einen Gegenspieler zu treffen. Wird ein Spieler getroffen, so begibt er sich zu seinem Königsspieler und unterstützt ihn. Ist der letzte Spieler einer Mannschaft getroffen, wird der Königsspieler für ihn eingewechselt. Das Spiel gilt dann als gewonnen, wenn der Königsspieler dreimal getroffen wurde.

Variationsmöglichkeiten: Völkerball ohne Seitenstreifen, ohne Könige, mit Versteckmöglichkeiten, mit Abwehrmöglichkeit (Tennisschläger, Schwimmbrett ...)

Schwierigkeitsgrad: mittelschwer bis schwierig

Differenzierungsmöglichkeit: Schüler, die den Bällen nicht gut ausweichen können, haben mehrere „Spielleben“, die durch Kreppstreifen an der Kleidung dokumentiert sind und bei Bedarf abgenommen werden können. Leistungsstarke Werfer müssen zunächst über eine Schnur werfen, bevor der Ball einen Gegenspieler treffen darf.

Material:

- 1 Softball
- Gummischnüre oder Baustellenband zur Spielfeldmarkierung
- evtl. Schwimmbretter o.ä.
- weiteres mögliches Spiel: siehe auch „Vielfelder-Partei-Ball“ (Seite 20)

Natürlich können als Kleinspiele die Vorläufer der Großen Spiele auch gespielt werden. Diese stellen allerdings schon sehr hohe Anforderungen an die Mannschaftsspielfähigkeit der Schüler. Die zuvor beschriebenen Spiele können als Vorbereitung für diese Spiele gesehen werden. Allerdings sind sie nur in homogenen Gruppen spielbar.

Folgende Spiele bieten sich an:

- Sitzfußball
- Fußball
- Handball
- Basketball
- Kreiskorbball
- Hockey (mit Ringen, Schaumstoffbällen, Hallenpucks)

3.3 Spielreihen

Es folgen Beispiele für Spielreihen, die das Ziel haben, alle Schüler an einem Spiel zu beteiligen.

Fast alle Spiele mit dem Schwierigkeitsgrad „mittelschwer“ bis „schwierig“ lassen sich bei überlegter Aufgabenteilung auch gemeinsam spielen. Allerdings müssen die für das Endspiel benötigten Lernvoraussetzungen grundlegend in methodisch vorbereitenden Spielen erarbeitet werden. Vielfach eignen sich Spiele, die zuvor dargestellt wurden, dazu. Da natürlich jede Sportgruppenzusammensetzung eine andere ist, dienen die Spielreihen nur als mögliche Anhaltspunkte. So müssen vor dem Hintergrund einer „erreichbaren“ gemeinsamen Endspielform auch immer wieder kleine Änderungen an den zuvor beschriebenen Spielen vorgenommen werden, um sich der Endform der Spielreihe zu nähern.

Vom „Kegeln“ zum „Zwei-Felder-Kegeln“

Im folgenden soll die Entwicklung von einem einfachen Spiel, wie dem Kegelspiel bis hin zu dem sehr differenzierten Spiel des 2-Felder-Kegelns beschrieben werden. Einerseits soll die Möglichkeit einer Spielentwicklung innerhalb von zwei relativ leistungshomogenen Gruppen dargestellt werden. Andererseits soll auch ein gemeinsames Spiel für alle aufgezeigt werden. Die Entwicklung sollte innerhalb einer Doppelstunde Sport immer die beiden Elemente berücksichtigen. Die vorgegebenen Zeiteinteilungen sind natürlich gruppenabhängig. Nichts spricht dagegen, den Inhalt der vorherigen Doppelstunde bei Bedarf ein- bis mehrfach zu wiederholen.

Lernziele der Unterrichtsreihe für Gruppe A:

- Erlernen einfacher Ballabfangtechniken
- Erlernen einer einfachen Form des Zielrollens
- Erlernen der Fähigkeit, innerhalb eines Spiels eine bestimmte Aufgabe zu übernehmen

Lernziele der Unterrichtsreihe für Gruppe B:

- Erlernen von Ballabfangtechniken
- Erlernen von verschiedenen Formen des Zielrollens (direktes Abspiel, Abspiel über Bande, Antäuschen)
- Anbahnung der Fähigkeit, einem Spielpartner, der in einer günstigeren Torschuß(-roll)position ist als der Ballführende selbst, den Ball abzugeben
- Anbahnung der Fähigkeit, sich freizulaufen für eine günstigere Torschuß (-wurf)position und sich entsprechend anzubieten
- Erlernen der Fähigkeit, innerhalb eines Spiels eine bestimmte Aufgabe zu übernehmen
- Anbahnung der Akzeptanzbereitschaft, ein Spiel durch neue Regeln so zu verändern, daß leistungsschwächere Mitschüler an diesem Spiel teilnehmen können

1. Doppelstunde: (draußen)

Gruppe A: Boßeln

Gruppe B: ebenfalls Boßeln, jedoch mit aufgestellten Toren, die es zu durchspielen gilt (zwischen zwei Steinen hindurch)

2. Doppelstunde: (draußen)

Gruppe A: Weitrollball

Gruppe B: zunächst Teilnahme am Weitrollball, anschließend Krocketball

3. Doppelstunde:

Gruppe A: Kegeln

Gruppe B: Minigolfkegeln

gemeinsames Spiel: Treffball

4. Doppelstunde:

Gruppe A: Wiederholung Kegeln (differenzierte Erhöhung der Leistungsanforderungen)

Gruppe B: Rollball bzw. Ball-unter-die-Schnur

gemeinsames Spiel: Kegeln

5. Doppelstunde:

Gruppe A: Spiele zum Erobern eines bewegten Balles

Gruppe B: Vier-Banden-Ball und Ball-unter-die-Schnur mit Bandenspiel

gemeinsames Spiel: Bälle apportieren – Die Mitglieder der Gruppe A rollen ihre Bälle nacheinander so fest wie möglich in eine Zielrichtung. Das je nach Leistungsstärke ausgewählte Mitglied der Gruppe B versucht, diesen Ball noch zu erobern, bevor er eine vorgegebene Zielmarkierung überrollt hat.

6. Doppelstunde:

Gruppe A: Kegelspiele und Spiele zum Erobern eines bewegten Balles

Gruppe B: Wächterball

gemeinsames Spiel: Bälle apportieren

7. Doppelstunde:

Gruppe A: Kegelspiele und Spiele zum Erobern eines bewegten Balles

Gruppe B: 2-Felder-Kegeln

gemeinsames Spiel: Tor-Kegeln – Die Mitglieder der Mannschaft A versuchen, ihren Ball über eine festgelegte Ziellinie zu kegeln. Der Versuch ist jedoch nur dann gültig, wenn der Ball zuvor eines von drei Toren durchrollt hat. Die Mitglieder der Gruppe B haben die Möglichkeit, diesen Ball zu erobern, nachdem er ein Tor passiert hat.

8. Doppelstunde:

Gruppe A: Elfmeterkegeln

Gruppe B: 2-Felder-Kegeln mit Abspielregel (Der Ball muß vor dem Zielrollen mindestens 3 mal abgespielt werden. Die anderen Mitspieler müssen sich in der Zwischenzeit eine günstige Zielrollposition erlaufen.)

gemeinsames Spiel: Ball-unter-die-Schnur mit markierten Bewachungszonen in den hinteren Feldbereichen für Mitglieder der Mannschaft A. Gruppe B: Ball-unter-die-Schnur, jedoch mit Abspielregel beim Angriff (Festigung)

9. Doppelstunde:

Gruppe A: Ball-unter-die-Schnur mit Schaumstoffblöcken, die es umzukegeln gilt (bzw. die bewacht werden müssen)

Gruppe B: 2-Felder-Kegeln mit Abspielregel (Festigung)

gemeinsames Spiel: 2-Felder-Kegeln mit Mitgliedern der Mannschaft B, die sich vorrangig Verteidigungsaufgaben im hinteren Spielfeldbereich widmen

Differenzierungsmöglichkeiten für das gemeinsame Spiel:

- Jede Form von Strafstößen dürfen nur von Mitgliedern der Mannschaft B ausgeführt werden (ohne Störungsmöglichkeiten für Mannschaft A).
- Kann ein Schüler der Mannschaft B selbst keinen Ball zielgerichtet rollen, wird sein gelungener Abwehrversuch (Ballberührung innerhalb seiner Abwehrzone) mit einem Spielpunkt belohnt.

Vom „Balltreiben“ zum „Völkerball“

Lernziele der Unterrichtsreihe für Gruppe A:

- Treffen von nicht bewegten Gegenständen durch Zielwerfen
- Treffen von sich bewegenden Personen durch Zielwerfen
- Ausweichen vor gezielt geworfenen Bällen
- Abwehren von gezielt geworfenen Bällen
- Erlernen der Fähigkeit, innerhalb eines Spiels eine bestimmte Aufgabe zu übernehmen

Lernziele der Unterrichtsreihe für Gruppe B:

- Ausweichen vor gezielt geworfenen Bällen
- Erlernen von Ballabfangtechniken
- Erlernen von verschiedenen Formen des Zielwerfens (direktes Abspiel, Antäuschen)
- Erlernen der Fähigkeit, einem Spielpartner, der in einer günstigeren Zielwurfposition ist als der Ballführende selbst, den Ball abzugeben
- Erlernen der Fähigkeit, sich freizulaufen für eine günstigere Zielwurfposition und sich entsprechend anzubieten

- Erlernen der Fähigkeit, innerhalb eines Spiels eine bestimmte Aufgabe zu übernehmen
- Anbahnung der Akzeptanzbereitschaft, ein Spiel durch neue Regeln so zu verändern, daß leistungsschwächere Mitschüler an diesem Spiel teilnehmen können

1. Doppelstunde:

Gruppe A: Balltreiben

Gruppe B: zunächst Balltreiben, dann Treffball und Kastentreffball

2. Doppelstunde:

Gruppe A: Treffball und Namenszielwerfen

Gruppe B: Wildwechsel und Neckball

gemeinsames Spiel: Wildwechsel – Mitglieder der Mannschaft B passieren sehr nahe vor den Werfern der Mannschaft A. Unter Umständen erhalten sie bestimmte Bewegungsaufgaben (z.B. Hüpfen), die ihr Tempo verlangsamen.

3. Doppelstunde:

Gruppe A: Wildwechsel

Gruppe B: Jäger und Hasen und Schatzball

gemeinsames Spiel: Schatzball ohne Versteckmöglichkeiten. Die Mitglieder der Mannschaft B sind die Schatzeroberer.

4. Doppelstunde:

Gruppe A: Burgball

Gruppe B: Völkerball ohne Könige und Randstreifen

gemeinsames Spiel: Burgball mit nur wenigen Abwehrmöglichkeiten (Schwimmbretter). Die anderen Burgverteidiger (Gruppe B) müssen den Bällen innerhalb des Burggeländes ausweichen.

5. Doppelstunde:

Gruppe A: Jäger-und-Hasen-Ball mit Abwehrerlaubnis durch Schwimmbretter

Gruppe B: Völkerball mit 2 Randstreifen und Königen

gemeinsames Spiel: Jäger-und-Hasen-Ball mit Abwehrerlaubnis für Gruppe A, nach dem Werfen aller Bälle erfolgt ein Durchgang ohne Abwehrerlaubnis für Gruppe B auf einem zudem für diese Gruppe noch kleineren Spielfeld

6. Doppelstunde:

Gruppe A: 2-Burgen-Ball mit Abwehrerlaubnis durch Schwimmbretter

Gruppe B: Völkerball mit 4 Randstreifen und Königen

gemeinsames Spiel: 2-Burgen-Ball mit Abwehrerlaubnis für Gruppe A

7. Doppelstunde:

Gruppe A: Völkerball ohne Randstreifen mit Abwehrerlaubnis

Gruppe B: Völkerball mit 4 Randstreifen und Versteckmöglichkeit (je ein Langkasten in den beiden Spielfeldern)

gemeinsames Spiel: Völkerball ohne Randstreifen mit Abwehrerlaubnis für Gruppe A und mehreren Spielleben für Mitglieder dieser Gruppe

Differenzierte „Ball-vor-Spiele"

In den ersten Stunden sollten Spiele gespielt werden, die die Grundideen des Mannschaftsspiels aufgreifen und schwerpunktmäßig vertiefen. Dabei sollten diese Lernziele angestrebt werden:

- Bälle erobern
- Bälle vorbringen
- den Ballvortrag des Gegners verhindern
- Bälle ins Ziel bringen
- umkämpfte Bälle erobern und zu einem Ziel bringen
- Bälle gegen Störung ins Ziel bringen
- umkämpfte Bälle erobern und zu einem Ziel bringen, jedoch Zwei gegen Einen (Schwerpunkt Ball abgeben)

Schnell wird durch Schülerbeobachtungen deutlich werden, daß die Schüler diese Aufgaben unterschiedlich gut lösen können. Auf Grundlage dieser Beobachtungen kann nun ein differenziertes Ball-vor-Spiel erfunden werden, das sich an den Leistungen orientiert. Für leistungsschwächere Schüler sollten dann Spielaufgaben ausgewählt werden, die ihren Möglichkeiten entsprechen.

Differix-Ball 1

Angenommene Lernvoraussetzungen der Schüler:

- 6 Schüler beherrschen die Angriffs- und Verteidigungstechniken eines Ball-vor-Spiels unter der Aufgabenstellung, daß der Ball nur gerollt werden darf (Feldspieler).
- 2 Schüler können einen bewegten Ball zwar erobern, jedoch nur innerhalb eines begrenzten und markierten Bereiches (Torwarte).
- 2 Schüler können den Ball nur zielgerichtet auf ein ruhendes Ziel rollen (Differixe).

Die Mannschaften werden nach Leistung gerecht aufgeteilt. Die Spielidee ist ähnlich der des Fußballspiels. Die Bälle werden jedoch nicht geschossen, sondern nur gerollt. Die Tore, auf die gerollt wird, werden deutlich markiert und fallen entsprechend der Leistungsfähigkeit der Torwarte unterschiedlich breit aus. Die Minimalentfernung, von der aus ein Zielroller erlaubt ist, wird grob mit Kreppband oder einer Gummischnurabsperrung markiert. Sie orientiert sich ebenfalls an der Leistungsfähigkeit der Torwarte. Hinter den Torwarten steht jeweils ein Differix, dessen Aufgabe es ist, auf ein individuell angepaßtes Ziel zu kegeln.

Die Spielaufgaben für die Feldspieler sind, selbst Tore zu errollen und Angriffsversuche der Gegner zu stören.

Die Spielaufgabe der Torwarte ist, einen zielgerollten Ball zu erobern. Gelingt ihnen dies nicht und der Ball passiert die Torauslinie, so erhält die angreifende Mannschaft natürlich einen Punkt. Kann er allerdings den Ball zuvor erobern, hat er für seine Mannschaft einen Punkt errungen.

Passiert ein Ball die Schlußlinie oder kommt es zu einer Regelwidrigkeit, haben die Differixe die Möglichkeit, durch ein Zielrollen auf ihr Ziel einen Punkt für ihre Mannschaft zu erringen.

Hintergrund der Überlegungen zu diesem Spiel ist, daß auch leistungsschwächere Schüler mit ihren Spielaufgaben die Möglichkeit erhalten, für ihre Mannschaft Punkte zu erringen. Sie sind somit voll in das Spielgeschehen eingebunden und haben mit ihren Leistungsmöglichkeiten Schlüsselpositionen besetzt, die unter Umständen ihrer Mannschaft zum Sieg verhelfen können. Sie werden so von ihren Mannschaftsmitgliedern nicht nur akzeptiert, sondern auch angefeuert. Die Punktvergabe sollte optisch immer verdeutlicht werden, z.B. durch das Aufstapeln von Klötzen oder das Anmalen der Punkte mit gleichem (großen) Abstand.

Differix-Ball 2:

Angenommene Lernvoraussetzungen der Schüler:

- 6 Schüler beherrschen die Angriffs- und Verteidigungstechniken eines Ball-vor-Spiels unter der Aufgabenstellung, daß der Ball nur geworfen oder übergeben werden darf (Feldspieler). Darüber hinaus ist noch ein Schüler besonders leistungsstark.
- 4 Schüler können einen geworfenen Ball annehmen und zielgerichtet einem sich bewegenden Spielpartner zuwerfen (Zöllner).
- 2 Schüler können einen übergebenen Ball annehmen und zielgerichtet auf ein ruhendes Ziel werfen (Verdoppler).

Das Spiel ähnelt dem Vielfelder-Partei-Ball. Das Spielfeld wird (mit Bänken oder Schnüren) in 5 Teilfelder aufgeteilt. Die beiden äußeren Felder an den Kopfseiten der Turnhalle können etwas schmaler sein. In diesen beiden Feldern befinden sich die „Verdoppler". Jede Mannschaft hat das Ziel, ihren Verdoppler anzuspielen. Der Spielball wird zu Spielbeginn oder nach jedem Punktgewinn in das innerste Spielfeld geworfen. Dort muß der Ball von den dortigen Feldspielern erobert werden und an den nächsten Zöllner weitergespielt werden, der in Richtung des Verdopplers steht. In diesem Fall wird im mittleren Feld der Ball von 3 Spielern umkämpft (2:1), um den leistungsstarken Schüler besonders zu fordern. Dieser kann zudem zum Beispiel die Aufgabe haben, sich nur dribbelnd mit dem Ball fortzubewegen, während die anderen den Ball tragen dürfen. In jedem Fall darf nur der Ball und nicht der Gegenspieler absichtlich berührt werden. Die Zöllner stehen auf den Bänken oder in einem jeweils markierten Raum dazwischen. Sie dürfen nicht angegriffen werden. Nach gelungener Ballannahme versuchen sie, den Ball an ihren Mitspieler in Richtung ihres Verdopplers abzugeben. Dieser muß sich natürlich ständig freilaufen, da sein Gegenspieler in seinem Spielfeld den Paß abzufangen versucht. Gelingt es ihm trotzdem, den Ball zu erobern, so versucht er, ihn an seinen Verdoppler abzugeben. Gelingt ihm dies, so erhält seine Mannschaft einen Punkt. Der Verdoppler kann dann – wie der Name schon sagt – diesen Punkt verdoppeln, indem er den Ball auf ein individuell angepaßtes Ziel wirft und dieses trifft.

Diese Beispiele lassen sich selbstverständlich nicht auf jede Lerngruppe übertragen. Sie sollen ja auch nur Möglichkeiten von Spielkonstruktionen zeigen, bei denen jeder Schüler sein Können gewinnbringend für seine Mannschaft einsetzen kann. Wie zu Beginn erläutert, müssen auch nicht alle Schüler den Sinn ihres Tuns für das Gesamtspiel verstehen. Auch der für sie erkennbare Erfolg *ihrer* Spielhandlung, der zudem vom Applaus ihrer Mitschüler begleitet ist, ist schon ein Anlaß zur Freude an diesem Ballspiel.

4. Literatur

Vor allem in den 70er Jahren waren die kleinen Spiele (einschließlich der Ballspiele) ein vielbeachtetes Thema in der Fachliteratur. Sehr häufig wurden hier Möglichkeiten aufgezeigt, wie die Großen Spiele von den Kleinen Spielen über Spielereihen methodisch erarbeitet werden können. In den 80er Jahren war der Schwerpunkt eher das „Spielen, ohne zu Verlieren". Soziale Aspekte wurden stärker betont als Leistungsaspekte. In jedem Fall enthält die Literatur dieser frühen Jahre viele Spielformen, die sich – nach eventuellen kleinen Änderungen – besonders gut für den Einsatz an der Schule für Geistigbehinderte eignen. Da diese Spiele vermutlich bei jüngeren Kolleginnen und Kollegen nicht mehr sehr bekannt sind, wurden bewußt auch diese älteren Veröffentlichungen in die Literaturliste aufgenommen. Auch wenn die Bücher zum Teil nicht mehr lieferbar sind, werden sich einige Exemplare von ihnen bestimmt noch in den Schulbüchereien oder Bibliotheken finden lassen.

Alberti, Heinz/Rothenburg, Ludwig: Spielreihen in der Spielschulung. Schorndorf 1975

Baumann, Sigurd: Sportspiele: Technik, Methodik, Regeln. München 1979

Bergemann, Margot: Leibeserziehung im Vorschulalter. München 1974

Blumenthal, Ekkehard: Bewegungsspiele für Vorschulkinder. Schorndorf 1973

Deacove, Jim: Kooperative Sportspiele – Sport ohne Sieger. Ettlingen 1981

Dietrich, Kurt/Dürrwächter, Gerhard/Schaller, Hans-Jürgen: Die Großen Spiele. Wuppertal 1982

Dietrich, Kurt (Hg.): Sportspiele. Reinbek 1985

Döbler, Erika/Döbler, Hugo: Kleine Spiele. Berlin 1987

Evers, Fritz: Ballspiele – Grundformen großer Ballspiele. Wuppertal 1968

Fluegelman, Andrew/Tembeck, Shoshana: New Games – Die Neuen Spiele. Soyen 1979

Fluegelman, Andrew: Die Neuen Spiele, Band 2. Soyen 1982

Haag, Herbert/Joesten, Renate: Bewegungsspaß und Sportspiele. Niedernhausen/Ts. 1991

Hagedorn, Günter/Bisanz, Gero/Duell, Helmut: Das Mannschaftsspiel. o.J.

Hahmann, Heinz/Steiner, Hartwin/Steiner, Inge: Sportspiele spielen lernen. Schorndorf 1979

Konzag, Gerd (u.a.): Übungsformen für die Sportspiele. Berlin 1979

Löscher, Arndt: Kleine Spiele für viele. Berlin 1976

Marx, Erich: Spiele für alle – in Kindergarten, Vorschule, Hof und Halle. Wuppertal 1978

Schucan-Kaiser, Ruth (Red.): 1010 Spiel- und Übungsformen für Behinderte (und Nichtbehinderte). Schorndorf 1986

Stiehler, Günther/Konzag, Irmgard/Döbler, Hugo: Sportspiele. Berlin 1988

Stübing, Anna-Dorothea: Bewegung, Spiel und Sport mit Kindern. Braunschweig 1978

Redl, Sepp (Hg.): Sport in der Volksschule. Wien 1989

Wenzlaff, Friedhelm: 100 Spiele mit dem Fußball und Medizinball. Bad Homburg 1986

Zeitschriften:

Sportpädagogik – Zeitschrift für Sport-, Spiel- und Bewegungserziehung, „Spielen". Heft 1/80

Sportpädagogik – Zeitschrift für Sport-, Spiel- und Bewegungserziehung, „Rückschlag-Spiele". Heft 1/82

5. Spieleübersicht für Mannschaftsballspiele

Raum für Notizen:

Raum für Notizen:

Meike Aissen-Crewett
Kunst und Therapie mit Gruppen
◆ 5., verb. Aufl. 2002, 120 S., Format DIN A5, br
ISBN 3-8080-0513-0, Bestell-Nr. 1217, € 11,80

Anette Bertrand / Elke Stratmann
Basales Theater im Unterricht
Schüler mit schweren Behinderungen stehen im Rampenlicht
◆ 2002, 72 S., Format DIN A5, br
ISBN 3-8080-0507-6, Bestell-Nr. 1197, € 12,80

Insoo Kim Berg / Susan Kelly
Kinderschutz und Lösungsorientierung
Erfahrungen aus der Praxis – Training für den Alltag
◆ 2001, 416 S., Format DIN A5, fester Einband
ISBN 3-8080-0470-3, Bestell-Nr. 4322, € 24,60

Agnes Ebhardt
Fröhliche Wege aus der Dyskalkulie
Kindern mit Rechenschwäche erfolgreich helfen
◆ 2002, 72 S., Format DIN A5, Ringbindung
ISBN 3-8080-0508-4, Bestell-Nr. 1198, € 15,30

Kerstin Gebauer
Werken mit mehrfach behinderten SchülerInnen
Werktechnische Bildung unter förderpädagogischem Aspekt
◆ 2002, 56 S., farbige Fotos, Format 16x23cm, br
ISBN 3-8080-0496-7, Bestell-Nr. 3637, € 10,20

Jürgen Hargens
Erfolgreich führen und leiten – das will ich auch können
Ein systematisches un(d)systematisches Brevier
◆ 2. Aufl. 2002, 80 S., Format 11,5x18,5cm, fester Einband,
ISBN 3-86145-228-6, Bestell-Nr. 8318, € 9,60

Monika Köhnen / Erika Roos
Nichtsprechende Kinder reden mit
Unterstützte Kommunikation im Unterricht
◆ 2002, 144 S., Format 16x23cm, br,
ISBN 3-8080-0487-8, Bestell-Nr. 3636, € 15,30

Albert Müller
Therapeutisches Trampolinspringen
„Nur Fliegen ist schöner"
◆ 2002, 220 S., Format 16x23cm, Ringbindung,
ISBN 3-8080-0514-9, Bestell-Nr. 1152, € 19,50

Anke Nienkerke-Springer / Wolfgang Beudels
Komm, wir spielen Sprache
Handbuch zur psychomotorischen Förderung von Sprache und Stimme
◆ 2001, 256 S., farb. Fotos, Format 16x23cm, fester Einband,
ISBN 3-86145-208-1, Bestell-Nr. 8133, € 22,50

Wir bringen Lernen in Bewegung ...

Gudrun Perovic-Kniesel
Musik für Bewegungsspiele 2
◆ 2002, 51 Min., CD mit Booklet (40 S.), im Schuber, ISBN 3-8080-0492-4, Bestell-Nr. 7111, € 15,30

Monika Pigorsch / Bitten Kleeberg / Nadine Sohn
RückSchau-Arbeit
Übungen mit dementiell veränderten Menschen
◆ 2002, 116 S., Format DIN A5, Ringbindung
ISBN 3-8080-0503-3, Bestell-Nr. 1043, € 15,30

Gottlob Rieck
ABC zum Anmalen
◆ 2002, 68 S., Format DIN A4, Ringbindung
ISBN 3-86145-230-8, Bestell-Nr. 8564, € 15,30

Gottlob Rieck
Lustige ABC-Geschichten
Einfache Lesetexte
◆ 2., verb. Aufl. 2002, 56 S., Format DIN A4, Ringbindung
ISBN 3-86145-252-9, Bestell-Nr. 8565, € 15,30

Silke Schönrade / Hans Jürgen Beins / Rudolf Lensing-Conrady (Hrsg.)
Kindheit ans Netz?
Was Psychomotorik in einer Informationsgesellschaft leisten kann
◆ 2002, 280 S., Format 16x23cm, fester Einband
ISBN 3-86145-219-7, Bestell-Nr. 8314, € 21,50

Silke Schönrade
Kinderräume – KinderTräume
... oder wie Raumgestaltung im Kindergarten sinnvoll ist
◆ 2001, 200 S., Format 17x24cm, fester Einband
ISBN 3-86145-181-6, Bestell-Nr. 8303, € 22,50

Dorothee Venohr
Integrative Montessori-Pädagogik
Praktische Anregungen für die Arbeit mit Kindern
◆ 2002, 168 S., viele Abb., Format 16x23cm, br
ISBN 3-8080-0474-6, Bestell-Nr. 1149, € 21,50

Manfred Vogt-Hillmann / Wolfgang Burr (Hrsg.)
Lösungen im Jugendstil
Systemisch-lösungsorientierte Kreative Kinder- und Jugendlichentherapie
◆ 2002, 424 S., Format DIN A5, fester Einband
ISBN 3-86145-226-X, Bestell-Nr. 8316, € 21,50

5/02

vml verlag modernes lernen borgmann publishing
Hohe Straße 39 • D-44139 Dortmund • Tel. (0231) 12 80 08 • FAX (0231) 12 56 40
Unsere Bücher im Internet: www.verlag-modernes-lernen.de